ANKE KEIL

Finden, was bleibt

ANKE KEIL

Finden, was bleibt

Ermutigungen zur Trauer

VIER TÜRME

Bibliografische Information der Deutschen Nationalbibliothek

Die Deutsche Nationalbibliothek verzeichnet diese Publikation in der Deutschen Nationalbibliografie. Detaillierte bibliografische Daten sind im Internet über http://dnb.d-nb.de abrufbar.

Ohne Folie
Für unsere Umwelt

MIX
Papier | Fördert gute Waldnutzung
FSC® C014889
FSC www.fsc.org

in Deutschland produziert

1. Auflage 2023

Lektorat: Marlene Fritsch
Covergestaltung: Chandima Soysa
Covermotiv: LenLis/shutterstock.com
Druck und Bindung: Pustet, Regensburg
ISBN 978-3-7365-0519-3

www.vier-tuerme-verlag.de

Inhalt

Die großen, einschneidenden Erlebnisse im Leben
sind oft nicht die,
die laut oder auffällig passieren.
Sie können es, müssen es aber nicht.
Manchmal ist es nur eine kleine Bewegung eines Herzens,
die ausbleibt,
und die damit unser Leben aus den Angeln hebt
und innerste Gewissheiten zu erschüttern vermag.

Denn eigentlich
wollte man zusammen Schritte im Leben tun.
Aber dann wurde ein anderer gemeinsamer Weg aufgegeben.

Herbst

Die Blätter fallen, fallen wie von weit,
als welkten in den Himmeln ferne Gärten;
sie fallen mit verneinender Gebärde.

Und in den Nächten fällt die schwere Erde
aus allen Sternen in die Einsamkeit.

Wir alle fallen. Diese Hand da fällt.
Und sieh dir andre an: es ist in allen.

Und doch ist Einer, welcher dieses Fallen
unendlich sanft in seinen Händen hält.

RAINER MARIA RILKE

Finden, was bleibt

Ein paar Worte zum Beginn

»Trauer gehört zum Leben dazu.« Dieser Satz ist leicht gesagt und schwer zu leben. Denn immer, wenn etwas endet oder eine wichtige Veränderung unser ganzes Leben betrifft, heißt es Abschied zu nehmen. Trauer ist die natürliche Reaktion auf solch einschneidenden Veränderungen, die verlangen, Liebgewordenes, Vertrautes, Gewünschtes und Erträumtes für das eigene Leben zu verabschieden. Sie ist ein angeborenes Programm, eine normale Reaktion auf eine Verlustsituation, vor die man sich gestellt sieht und die man sich so nicht gewünscht hat.

Wir entscheiden uns dann auch nicht, zu trauern – Trauer ist in diesen Momenten einfach da.

Die Trauer in ihren Aufgaben und Fragestellungen an uns gestaltet sich ganz unterschiedlich beim Einzelnen, was Intensität und Dauer angeht: Sich in eine neue, andere und bis dahin nicht vorstellbare Realität gestellt zu fühlen, verbindet die verschiedenen Trauerwege. Ein Davor und Danach zu erleben. Erschüttert zu sein. Innerseelische Nachbeben, die immer wieder zurück in die alten Gefühle, in Starre und Ohnmacht, aber auch in alle anderen Gefühle von Wut, Angst, Hilflosigkeit stoßen können. Das Vermissen und die Sehnsucht nach dem, was früher war – dieses vertraute »Normal«, über das man sich damals keine Gedanken machen musste, das einfach da war. Die Notwendigkeit, sich alles genau anzusehen. Den Schmerz und die Schrecken noch einmal zu erleben. Verschüttetes freizulegen. Erinnerungen an früher zu bergen. Neue Talente und Zukunftsfähigkeit an sich zu entdecken oder auch Schatten und Resignation auszuhalten. Denn Trauern ist auch ein Aufbruch in eine Zukunft, die anders sein wird. Und die erst einmal wachsen muss. Es braucht Zeit, um dem Grund wieder zu vertrauen, auf dem diese Zukunft stehen soll. Trägt mein Bild von mir selbst, von meiner Zukunft noch? Kann ich mich damit noch sicher fühlen und wachsen und entfalten?

Auf Trauerfragen gibt es kein einfache, allgemeingültige Antwort, keine Lösung oder Anleitung, die jedem oder jeder hilft. Trauer ist ein komplexes Geschehen, es sind viele Fragen, es sind viele Dinge, die zusammenkommen. Und das Leben hält ganz unterschiedliche Antworten darauf bereit – so unterschiedlich, wie wir Menschen sind. Man kann alle diese Antworten nicht gegeneinander ausspielen oder eine als besser oder schlechter einstufen. Trauer ist keine Krankheit, aber sie ist – und zwar so, wie sie eben ist. Und sie dauert so lange, wie sie eben dauert.

»Finden, was bleibt« – damit will ich Sie einladen, sich auf den Weg zu machen in diese neue Landschaft. In kleinen Gedanken, Geschichten und Gedichten will ich den Raum öffnen für Ihre eigenen Geschichten und Gedanken: wie Sie persönlich, auf Ihre eigene Art und Weise den Tod überleben und mit der Trauer in Ihren eigenen neuen Weg hineinwachsen können. Und ich möchte Ihnen Mut machen, zu sich selbst, Ihrem eigenen Weg durch Ihre Trauer zu stehen, Ihren eigenen Gefühlen und Wahrnehmungen zu vertrauen. Vielleicht ist es gut, an manchen Stellen schnell wieder an Altes anzuknüpfen, Alltag aufzunehmen; vielleicht braucht es aber auch erst Zeit und Ruhe. Das können nur Sie selbst entscheiden – und nur für sich selbst. Denn jede und jeder hat dabei andere Hilfen. Und das darf alles auch so sein.

Horror Vacui – Horror Pleni

Meine Angst ist gleich groß
vor der Leere
wie vor dem einfach Weitermachen.
Ich fürchte die Stille
und ich fürchte ihr Fehlen.
Ich habe Angst zu versinken
und Angst, mich zu verlieren in Oberflächlichkeiten.
Ich habe Angst vor dem Zuwenig an Gefühl
und Angst vor dem Zuviel.
Mal sehne ich mich nach Leerlauf und Zeit,
mal fürchte ich die beiden.
Ich sehne mich nach Zeit, ungestörtem Zwiegespräch mit dir
und baue zugleich vor mit Alltagslärm und Aktivität.
Weiß ich noch, was ich brauche?

Was ist schwerer auszuhalten?
Die Angst, dich zu verlieren im Kleinklein
oder die Angst, dass mir der Vermissensschmerz
den Boden wegziehen könnte,
wenn ich ihn zulasse?

Wir sind ganz angstallein,
haben nur aneinander Halt,
jedes Wort wird wie ein Wald
vor unserm Wandern sein.
Unser Wille ist nur der Wind,
der uns drängt und dreht;
weil wir selber die Sehnsucht sind,
die in Blüten steht.

RAINER MARIA RILKE

Trauer verstehen

Dem Trauerweg vertrauen lernen

Durch den Tod geraten nicht nur unser inneres System, unsere Ideen, Vorstellungen, Pläne und Träume aus den Fugen. Auch das äußere System der Familie, der Freundschaften, sozialen Beziehungen und Arbeitsbeziehungen gerät ins Wanken. Wie bei einem Mobile, wenn man eine Schnur abschneidet: Dann verändert sich nicht nur etwas am abgeschnittenen Teil – das ganze Mobile gerät aus dem Gleichgewicht. Und bis alles wieder in eine neue, andere Balance kommt, braucht es Geduld. Versuchen, Wiederversuchen und dazwischen allerlei Momente, die sich wie Rückschläge anfühlen können. Darum ist es wichtig, die eigene Trauer immer mehr verstehen zu lernen.

Trauer verstehen – das meint anderes als das, was man in der Schule gelernt hat im Sinn eines Formelverstehen. Dieses

Verstehen geht von einer geraden Lernkurve aus: Ich kenne etwas nicht, lerne die Formel, kann sie anwenden und es am Ende fehlerfrei lösen. Trauer zu verstehen dagegen hilft, sich selbst besser zu verstehen. Es nimmt nichts von den Aufgaben, Fragen und Schwierigkeiten, man ist dadurch auch nicht unbedingt schneller auf dem Weg oder findet gar eine rationale Abkürzung mit weniger Schmerz. Denn auch mit allem Verstehen kann ich nicht unbedingt rationaler mit meinen Gefühlen umgehen oder sie besser bändigen. Verstehen ist auch keine Formel, die sagt, welche Schritte nacheinander kommen werden und wie sie zu gehen sind, damit man sicher, schnell und fehlerfrei ans Ziel kommt.

Es ist mehr ein Verstehen, das einem Perspektiven schenkt: nicht allein zu sein. Normal zu sein. Angemessen zu reagieren und zu handeln angesichts eines Verlusts. Es eröffnet zudem einen Weg, mit sich geduldiger zu sein, nicht zu viel auf einmal zu erwarten. Sich die Erlaubnis zu geben, einfach mal nicht zu funktionieren. Oder festzustellen, dass etwas zu viel ist und man Pausen braucht. Dieses Verstehen hilft, Geduld und Mitgefühl für sich selbst zu entwickeln – und für andere. Auch und gerade in Zeiten, in denen man sich vielleicht daran stößt, dass alles so mühsam und langsam ist, man Aufs und Abs erlebt und alles durcheinandergeht. Vielleicht hat man sich schon weit und stabil gefühlt – und plötzlich scheint alles wieder auf Anfang zurückgestellt. Dann kann dieses Verstehen helfen, sich selbst das Recht darauf zu geben.

Trauermodelle können dabei unterstützen. Sie haben mit ihrer thematischen und strukturellen Klarheit etwas Beruhigendes und Heilendes. Denn sie vermitteln das Gefühl, nicht allein zu sein, nicht verrückt zu sein, sondern irgendwie normal – weil das eigene Erleben erklärbar ist und andere Menschen ähnlich empfinden. Zugleich haben sie aber auch etwas Verstörendes an sich, weil es manchmal so einfach klingt, was eben nicht so einfach zu durchleben ist.

Der Psychologe William J. Worden formulierte »Traueraufgaben«, um deutlich zu machen: Trauer läuft nicht in einer bestimmten Zeit oder Reihenfolge ab. Es ist nicht damit getan, etwas einmal zu durchleben, um es dann komplett abzuschließen. Vielmehr gibt es Aufgaben, die immer wieder kommen, immer wieder neu angestoßen werden. Sie erweitern sich durch neue Erfahrungen. Im Märchen begegnet einem das Bild von drei Aufgaben, die einmalig gelöst werden müssen, um dann zum Glück zu finden und den Lohn zu erhalten. Traueraufgaben sind jedoch anders. Vielleicht trifft es darum das Wort »Anfragen« besser. Denn sie alle bilden Aspekte ab, die der einen großen Frage zuarbeiten: Wie geht eigentlich ein Leben ohne dich?

Worden beschreibt vier große Aufgabenbereiche: die Realität des Verlusts begreifen und akzeptieren; die Vielfalt der aufbrechenden Gefühle durchleben; sich anpassen an eine Umwelt, in der die Verstorbenen fehlen; dauerhafte Verbindungen zu den Verstorbenen inmitten des Aufbruchs in einen neuen Lebensalltag entwickeln und gestalten. In manchen dieser Aufgaben stecken ganz unterschiedliche Aspekte und Suchbewegungen, zum Beispiel sind in der Anpassung an eine veränderte Umwelt notwendig Momente des Funktionierens verborgen, um einen neuen Alltag überhaupt erst einmal schaffen zu können und Stück um Stück in ihn hineinzuwachsen. Die Familientrauerbegleiterin Mechthild Schroeter-Ruhpieper ergänzt und gruppiert in ihrem Lavia Lebens- und Trauermodell® darum die Traueraufgaben von William Worden in der Form, wie es auch hier begegnen wird.

Im Alltag sind viele dieser Aufgaben natürlich nicht so eindeutig voneinander zu trennen. Sie treten miteinander auf, vermischen sich, sind verwoben. In jeder Aufgabe finden sich Momente und Aspekte der übrigen. Und sie kombinieren sich immer wieder neu. Dennoch ergibt es Sinn, sie schematisch auseinanderzunehmen, weil es hilft, zu verstehen und ein bisschen innerliche Ordnung zu schaffen, wenn sich die Trauer wie ein großes Kuddelmuddel anfühlt. Dann reicht es nämlich manchmal, ein paar Fäden zu finden und daran zu ziehen – im Wissen, dass man nicht die Weltformel gefunden und keine Superkraft gegen Trauer entwickelt hat. Dennoch ist es ein tröstliches Gefühl, dem nicht nur ausgeliefert zu sein. Weil man etwas verstehen und einordnen kann. Und allein das hilft, es auszuhalten und in kleinen Schritten das Leben wieder in die Hand zu nehmen.

Innere Landschaften

Die Trauer fällt nie in ein neues, unbeackertes Gebiet, sondern in unsere je eigene innere Landschaft, die gebaut ist aus unserer Erfahrung, unseren Überzeugungen und Glaubenssätzen. Und den Werkzeugen, die wir auf dem Weg für uns entwickelt haben, um in dieser Landschaft gut zurechtzukommen. Dazu gehört, welche Krisen wir erlebt haben und wie wir diese überstanden haben. Denn wir üben in kleineren Krisen, uns zu überlegen: Was tut mir gut? Was hilft mir, um eine Pause zu finden? Und habe ich am Ende in der Krisenerfahrung neues Wissen über mich oder die Welt gefunden, ist mir eine wertvolle Sache, Erkenntnis oder Beziehung zugewachsen? Das löst den Schmerz des Todes nicht auf – aber es kann helfen, Handlungsideen zu entwickeln und Vertrauen zu haben auf ein besseres Morgen.

Daneben stecken wir alle in unseren eigenen persönlichen Rahmenbedingungen, was Zeit, familiäre und soziale Einbindung angeht. Aber auch die persönliche Lebenshaltung, Glaube und Weltsicht nehmen Einfluss, wenn es um die Fragen geht: Wie kann ich mit dem Thema Tod umgehen? Was hilft mir, was gibt mir Kraft? Und was sind die Dinge, die mir Halt geben, wenn alles wegbricht? Welches Vertrauen habe ich?

In welche Landschaft ist meine Trauer gefallen?
Welche Bilder kommen mir in den Sinn?

Wüstentage

Aus der ersten Starre, Leere, Reglosigkeit
bin ich irgendwie erwacht,
ich kann wieder wohnen in meinem äußeren Leben – irgendwie.
Die Uhren haben wieder angefangen zu ticken,
auch für mich, die ich jede Zeit verloren glaubte.
Das Leichte und das Lachen ist wieder da,
auch für mich, die ich das für unmöglich gehalten habe.
Die Sehnsucht nach einer Zukunft ist wieder da,
auch für mich, die ich dachte, dass sie mir nur Angst macht.
Das Leben ist irgendwie wieder da, eingezogen wie der Frühling,
plötzlich da mit dem mächtigen Grün dieser neu gewordenen Welt.
Auch für mich.

In mir gibt es noch viele lebensfeindliche Orte,
Fragen, die mich plagen,
Ängste, die mich umtreiben,
Traurigkeit, die meinen Atem fast erstickt.
Es ist an manchen Tagen nicht ausgemacht,
ob mein Weg gerade wirklich hinausführt
aus diesem unbewohnbaren Land.
Tränenschwere Müdigkeit,
teilnahmslose Normalitätsgebärden,
fernes Mitleben
füllen dann meine Tage,
in denen ich voll Sehnsucht bin nach dir.

Doch es gibt sie auch –
kleine Aufstände, kleine Auferstehungen,
plötzlich, mitten am Tag.
Dann bin ich ganz da,
die Zeit um mich wird meine,
das Leben um mich wird meines,
die Zukunft vor mir wird meine,
die Hoffnung vor mir wird groß,
dass es gut wird.
Es wechselt, wer mehr Macht hat:
Wüstentage oder Auferstehungsmomente –
sie sind eng verbunden, nah beieinander.

Ohne die Traurigkeit hat sich das Glück nie so stark angefühlt.
Ohne die Leere die Sehnsucht nie so groß nach Leben.

Das ist mein Fenster. Eben
Bin ich so sanft erwacht.
Ich dachte, ich würde schweben.
Bis wohin reicht mein Leben,
und wo beginnt die Nacht?

RAINER MARIA RILKE

Den Tod überleben und weitermachen

Die Überlebenskraft des Funktionierens

Oft begegnet einem das Bild, dass Trauer das ist, was nach dem Tod eines geliebten Menschen mit einem passiert: Dann geht es einem eine Weile schlecht, bis man alles verarbeitet hat und die alten Fäden einfach wieder aufnehmen, wieder ins alte Leben, wie es war und wie man selbst war, zurückkehren kann.

Die Wirklichkeit sieht anders aus. Wir trauern beispielsweise schon in Abschiedsprozessen vor. Auch den Tod selbst erleben wir als eigenen Trauerabschnitt, in dem Gefühle kaum zu fassen sind. Denn der Tod bringt erst einmal Stille – zumindest für diesen Moment gibt es nichts mehr zu sagen oder zu tun. Es ist eine tosende Stille, in der alles in eins fällt: tätige Starre, erdrückende Leere, vielstimmiges Schweigen, sehende Blindheit. Vielleicht kann man den Tod als einen Moment außerhalb der normalen Zeit sehen, in dem sie zerfällt – eine Erfahrung, die viele Trauernde machen: Die Zeit verliert Bedeutung. Sekunden,

Stunden und Tage sind im eigenen Empfinden verschoben. Was ist schnell, was dauert lange? Es kommt einem so vor, als müsste die Welt anhalten, weil das eigene Empfinden überhaupt nicht zu der Vorstellung passt, dass draußen Autos fahren, Menschen einkaufen, zur Arbeit gehen und einfach so normale Alltagsdinge tun, als wäre nichts passiert. Und tatsächlich ist ihnen ja auch nichts passiert – aber das ist in dem Moment, in dem man selbst die Zeit kurz mit verlassen hat, unvorstellbar.

Mit der Stille kommt auch das zum Tragen, was vielleicht mit dem Begriff der »Unfassbarkeit« beschrieben werden kann. In uns erwacht dann oft der Impuls, das Ganze nicht wahrhaben, nicht annehmen zu wollen. Man stürzt sich in alles Unwirkliche – und es kommt einem so vieles in dieser ersten Zeit so vor, als könne es einem gar nicht wirklich, nicht so schnell, nicht so endgültig passiert sein. Würde jemand sagen, man habe das alles nur geträumt – es scheint durchaus im Bereich des Möglichen, weil es so wenig zum Davor passt, zu dem, was man vielleicht am Morgen noch geplant, gedacht und geglaubt hat. Gerade war da doch noch Leben. Hoffnung – vielleicht auch gegen jede Vernunft. Oder einfach das Gefühl, sich ein »Ohne« gar nicht vorstellen zu wollen.

Die Trauer während der ersten Zeit nach dem Tod ist so besonders, weil zugleich so viel zu erledigen ist. Und weil viele Menschen auf einen inneren Stresspiloten wechseln, der sie durch diese Zeit lotst. Symptomatisch für diese Zeit, in der das Vorher und Nachher so sehr auseinanderklaffen, ist eine Starre, vielleicht auch ein sehr leises Weinen, ein gefasstes Durchstehen, geschäftiges Tun oder ein Zusammenbruch. Passend und angemessen angesichts des Unfassbaren ist alles. Aussuchen kann man sich die erste Reaktion auf die unfassbare Nachricht nicht. Sie ist einfach.

Andersort

Funktionieren ist ein komischer Zustand: Weil es sich oft doppelt falsch anfühlt. Funktioniere ich, dann fühlt es sich falsch an, manchmal fast schon nach Verrat: Darf es mir so gut gehen? Darf das Leben so gerade weitergehen? Dann macht es Angst, etwas zu verpassen, etwas falsch zu machen, was einem vielleicht später auf die Füße fällt. Funktioniere ich nicht, dann fühlt es sich auch falsch an. Weil Dinge eben getan werden müssen. Und weil man zugleich Angst bekommt, Dinge nicht mehr bewältigen zu können, zu versinken in diesem psychischen Ausnahmezustand, allein zu sein, wenn man es nicht schafft.

Der französische Philosoph Michel Foucault beschrieb in seinen Schriften »Andersorte«. Das sind reale Orte, Situationen und Begegnungen, die sich aber der normalen Logik entziehen. Trauer ist für mich solch ein Andersort. Weil in ihr Gegensätze wie richtig und falsch, gut und schlecht, Leistung und Scheitern nicht mehr eindeutig zu benennen sind. Es ist richtig und gut, arbeiten zu gehen. Und zugleich ist auch das Gegenteil richtig und gut, nämlich nicht arbeiten zu gehen. Eine Beerdigung ist schlimm und vielleicht zugleich eine gute Erfahrung, die einen stützen kann. Und das gilt ebenso für Urlaub, die Frage, wie es einem geht, die Suche nach Ablenkung ... Das wichtigste Trauerwort ist darum das Wort »und«. Weil Dinge plötzlich vieles zugleich sind.

Welche Orte, Situationen und Begegnungen gibt es in meinem Leben, die jenseits von richtig und falsch liegen?

»Vorsicht, zerbrechlich«
Manchmal würde ich mir den Aufkleber gern auf die Stirn kleben,
weil unter meinem Alltags-Ich
so viele Zerbrechlichkeiten liegen.
Dein Tod ist für viele Geschichte, vage Erinnerung.
Sie nehmen das Paket darum, als wäre nichts passiert.

»Vorsicht, zerbrechlich«
Mein dünner Alltagskarton, von dem ich fürchte,
dass die zarten Aufbrüche nicht genug verpackt sind
und auch die Erinnerungen mehr Schutzraum brauchen,
um die Umzüge meines Lebens unbeschadet zu überstehen
und auch meine Ungeduld.

»Vorsicht, zerbrechlich«
Das gilt auch für meine Hoffnungskraft,
die sich heute mehr Sorgen macht als früher,
weil ich verstanden habe, dass das Leben selbst –
Körper, Gesundheit und meine vermeintlichen Sicherheiten –
in Wirklichkeit zerbrechlich ist.

Pausentasten drücken lernen

Funktionieren-Können gehört einerseits zu den Notwendigkeiten und ist eine große Anpassungsleistung an eine nicht gewollte Situation. Denn Trauer findet nicht in einem luftleeren Raum statt. Die Verpflichtungen bleiben: Wir brauchen etwas zu essen, die Miete will bezahlt werden, wir müssen Dringlichkeiten erledigen und Entscheidungen treffen, die von außen gesetzt werden. Funktionieren ist auch manchmal wie eine Zeitkapsel, um für einen Moment nicht fühlen und spüren zu müssen, was man alles erahnt von der Größe und Weite des Todes und der Veränderungen, die er mit sich bringt. Funktionieren-Können ist dann ein eigenes Bedürfnis und eine innere Erwartung an sich selbst. Weil es Halt geben kann, das Gefühl von Kontrolle und Selbstwirksamkeit. Struktur und Alltag sind darüber hinaus auch starke Anknüpfungspunkte an das »Vorher«. Aber es braucht daneben auch die andere Seite: die Pause vom Funktionieren, vom Richtig-machen-Wollen, vom Zusammenhalten einer alten, vertrauten Ordnung der Dinge in einer unübersichtlichen neuen Situation.

Manchmal begegnet Funktionieren-Können aber auch als leiser oder lauter Wunsch von außen. Damit man für das Gegenüber wieder verlässlich ist. Gerade in beruflichen Kontexten ist das wichtig. Trauernden wünscht man dann oft »viel Kraft«. Dieser Wunsch ist natürlich nicht falsch. Denn man braucht Kraft für den eigenen Trauerweg. Und doch: Manchmal bleibt das komische Gefühl, dass dieser Wunsch nicht ohne eigene Hintergedanken ausgesprochen wird – »Ich wünsche dir Kraft, damit du möglichst schnell wieder normal bist, möglichst schnell und reibungslos deine Aufgaben wieder übernehmen kannst, möglichst schnell alles wie früher ist«. Eine Sehnsucht, die auch Trauernde oft haben. Der jüdische Literat Leon Wieseltier bringt die Berechtigung dieser Sehnsucht auf eine einfache Formel: »Denn es war ein gutes Leben.«

Pausen machen zu können, einen anderen Blick einnehmen können – das sind oft schon erste Schritte, den Alltag wieder in die Hand zu nehmen. Vielleicht hilft das Bild der Pausentaste, um sich das selbst besser zugestehen zu können.
Welche bewusste Pause möchte ich heute machen?
Und wann und wo verabrede ich mich mit meiner Trauer?

Trauern ist ein Wort im Aktiv

Wirklichkeit ist immer auch sprachlich vermittelt, sie wird geschaffen durch Erzählungen, Narrative, in die wir uns einordnen und die wir uns zu eigen machen. Eins dieser Narrative unserer Zeit ist, dass wir glücklich sein sollen und ohne Leid. Ich möchte nicht sagen, dass ich anderen Leid wünsche, weil ich weiß, dass Menschen daran zerbrechen können. Aber ich fände es gut, Leidgeschichten einen Raum zu öffnen. Denn eine schlimme, eine schmerzhafte Erfahrung, ein Verlust wird zu unnötigem Doppel-Leid, wenn niemand darüber spricht, man sich damit allein fühlt, als Fehler im System.

Der Religionsphilosoph Sören Kierkegaard unterscheidet zwischen Leid und leiden. Leid ist das, was von außen auf uns zukommt, auf das wir keinen Einfluss haben. Leiden dagegen ist ein Verb, ein Wort im Aktiv, das letztlich danach fragt, wie wir uns selbst zum Leid verhalten, uns verhalten können. Genauso ist es mit der Trauer. Sie kommt mit Abschied und Tod von außen auf uns zu. Aber die Frage ist, wie wir uns zu ihr verhalten, uns von ihr berühren und verändern lassen. Und wie wir sie gestalten.

Eine weitere Erfahrung mit Narrativen und Geschichten, in die wir uns hineinverweben, machen Trauernde oft ganz existenziell: Wer zuerst spricht, erschafft die Wirklichkeit. Ich gestalte ein Gespräch mit, indem ich entscheide, was ich preisgebe. Erzähle ich von meinem Verstorbenen, werden gefühlt aus allen Richtungen ebensolche Trauergeschichten angespült. Nicht, weil sie davor nicht da waren. Aber manchmal entscheidet die Eröffnung eines Gesprächs, um was es gehen wird: Erzähle ich meine Erfolgsgeschichten? Möchte ich von meinem Haus, Auto und Job sprechen? Oder von dem, was nicht gelingt? Von Schwierigkeiten, Trauer und Verlust? Es wird Menschen geben, die das überfordert oder die diesen Weg nicht mitgehen. Aber es gibt auch die anderen, denen man eine Tür öffnet und dann auf einer ganz anderen Ebene begegnet. Wirklich begegnet. Und staunen lernt, wie viele Risse sich hinter den schönen Außenrum-Fassaden verbergen.

Die Sängerin Janis Joplin sang: »Freedom is just another word for nothing left to loose« – Freiheit entsteht da, wo wir (zumindest gefühlt in dem Moment) nichts mehr zu verlieren haben. Das ist einerseits paradox, andererseits auch richtig: Wenn mir nichts einfällt, was mich tiefer treffen kann, wo ich mich hilfloser oder schwächer fühlen kann, dann entsteht gerade an der Stelle das, was wir uns – auf anderen Wegen gewonnen – oft wünschen: Freiheit.

Welche neuen Freiheiten finden sich in meinem Leben?

Wo habe ich weniger Angst, anzuecken?

Wo mache ich mir weniger Gedanken um die Bewertung durch andere?

Überlebensketten

Die meisten Aufbrüche finden im Kleinen statt und bleiben darum oft in einer Art Alltagsschatten. Das ist wie mit Erleuchtungsmomenten: Die wenigsten haben ein solches Erlebnis, dass sie plötzlich etwas radikal Neues wissen und es mit Ort und Zeit datieren und benennen können. Diese Durchbrüche sind äußerst selten – und trotzdem haben wir in uns die Sehnsucht, genau so etwas zu erleben. Weil dann alles eindeutig wäre, glaube ich. Weil damit auch das Hin und Her aufhören würde. Wenn ich mir Personen wie den Apostel Paulus vor Augen stelle, dann spüre ich auch Neid: Mit seinem Bekehrungserlebnis war einfach auf einen Schlag alles klar. Er zweifelte nicht an seinem Weg, kannte ihn einfach, ohne dieses Zaudern, Zweifeln und Suchen, das ich immer habe. In solchen Momenten wünsche ich mir wie im Theater einen »Deus ex Machina«, die wundersame Lösung von oben, die plötzlich alles klar macht: So geht es!

Im echten Leben sind es aber wohl die vielen kleinen Aufbrüche, Entdeckungen, Erfahrungen von Selbstwirksamkeit und Gestaltungsräumen, die sich, wenn man sie sammeln würde, zu einem ganzen großen Weg summieren. Wir brauchen Erfahrungen wie die der Selbstwirksamkeit, um Trauer aushalten zu können. Das gilt fürs Funktionieren wie fürs Begreifen oder Verändern. Und das beginnt mit den kleinen Schritten, das Leben wieder in die Hand zu nehmen: rausschauen; ein Fenster öffnen; einkaufen; den Hund versorgen; kochen; Blumen kaufen; laufen im eigenen Tempo, auf dem Weg, den man ausgesucht hat …
Selbstwirksamkeit gehört zu den Worten, die größer klingen, als

man sie denken muss. Sie gehört wie die Dinge, die uns guttun und Kraft schenken, zur Kategorie der Gegengewichte. Sie lassen Leid und Trauer nicht verschwinden wie von Zauberhand. Aber sie bilden eben ein gutes Gegengewicht, um darin nicht zu verschwinden. Weil sie Pausen bieten und neue Perspektiven auf das, was vielleicht alles noch da ist. Selbstwirksamkeit ist auch darum so wichtig, weil vieles an Krankheit, Sterben und Tod mit starken Ohnmachtsgefühlen verknüpft ist – einfach schon deshalb, weil man sich in eine Situation gestellt findet, die man sich nicht ausgesucht hat, die man so sicher nicht wollte, sondern die einem aufgegeben wurde. Und an der man nichts ändern konnte. Nichts tun können, warten und aushalten – das lässt uns Ohnmacht spüren, Grenzen und Hilflosigkeit.

Wenn ich Dinge nicht nur einfach erledige, sondern sie bewusst tue in dem Wissen, dass jede kleine Handlung sich zusammenaddiert zu einer Kette von Sicherheiten, dann erhöht sich ganz automatisch das Gewicht dieser vielen kleinen Gegengewichte.

Was sind meine Gegengewichte?
Es kann hilfreich sein, sie zu einer spürbaren Sicherheitskette zusammenzusammeln oder ein Trauerheldenglas zu gestalten.
Die Anleitung ist einfach: Fädle oder lege für jedes Gewicht gegen die Ohmacht einen Stein, einen Knopf, eine Perle oder Papier dazu.
Und sei großzügig in der Bewertung. Denn auch das ist Teil des Trauerns: Großzügigkeit lernen.

Selbstermächtigung

Wenn der Wind beim Radfahren mich streift,
ich Kraft spüre in meinen Beinen,
selbst bestimme, wie schnell oder langsam ich bin,
dann fühlt sich meine Welt für diesen kleinen Moment
merkwürdig heil an.
Weil sie noch da sind, die Dinge, die ich beeinflusse,
das Wissen darum, was ich mag und kann und brauche.
So anders als Krankheit und Tod.

Durch die Tage laufen, funktionieren können.
Pausentasten drücken, gezielt ablenken –
auch in diesen Momenten fühlt sich etwas merkwürdig heil an,
wenn ich meine innere Bewertung abstelle,
die Frage, ob man das darf.
Stärkung darin spüren, selbst entscheiden zu können,
die neue Fähigkeit einsetzen und Masken aufsetzen und abziehen.
Dem eigenen Gefühl trauen und durchatmen,
dass ich nicht nur ausgeliefert bin.
Hineinwachsen in das Wissen,
dass mein Ich aus vielen Aspekten besteht,
mein Tag aus vielen verschiedenen Momenten und Empfindungen,
mein Alltag aus verschiedenen Anforderungen.

Und vor allem beginnen, es mir selbst zu erlauben:
Nicht jeder Moment ist ein guter Trauermoment.
Nicht jedes äußere Tun führt weg von mir.
Nicht jedes Lachen ist nicht echt oder falsch.
Ich darf den Frühling weiter mögen
und zugleich das Hoffnungsgrün und Blumenbunt
innerlich beschimpfen.
»Klarkommen« ist ein guter Trauerschritt.

Dann treffe ich innerlich eine Verabredung auf später,
zu Hause, mit Ruhe, Papier und Stift:

Hallo Trauer,
was willst du mir heute sagen?
Was gab es an Berührungspunkten?
Wie habe ich dich erlebt?
Und was will ich dir erzählen von mir?
Von meinem Suchen und Tasten?
Von schweren und leichten Momenten?
Von schönen und schwierigen Begegnungen?
Was habe ich entdeckt, über dich und mich?
Was hat mir heute gefehlt, was war gut und was zu viel?
Wo warst du mit deiner Veränderungskraft überall spürbar drin?
Und was ist mein Wunsch an dich für morgen?

Davor und Danach

Ich spreche gerne von Trauerzeiten, denn Trauer ist auf eine Weise aus dem normalen Zeitempfinden herausgelöst. Wir sind gewohnt, Zeit zu messen und dass bestimmte Vorgänge eine bestimmte Zeit brauchen. Die kann man einhalten und dann ist das Ergebnis das Richtige – wie beim Kuchenbacken. Aber die Trauer funktioniert so nicht, sie hat kein Maß. Kein inhaltliches und auch kein zeitliches. Man kann nicht sagen: Nach drei Monaten musst du jetzt an diesem oder jenem Punkt stehen. Und man kann kein lineares Zeitbild ansetzen, in dem die Entwicklung immer nur nach vorn geht. Trauer ist geprägt von der »Wiederkehr des Gleichen«. Die Zeit verläuft in Zyklen, Gefühle überlagern sich, es gibt plötzlich Momente oder Erinnerungstage, an denen man sich wieder ganz an den Anfang versetzt fühlt.

Unser Wort »Zeit« leitet sich ab vom mittelhochdeutschen »zit«. Es umschreibt mehr als Lebenszeit, Uhrzeit, Zeitpunkt oder Zeitraum. Es hat auch die Bedeutung »teilen, zerschneiden, zerreißen«. Das kennen wir aus unserer Alltagssprache: »Ich brauche einen Cut«, sagen wir, wenn wir spüren, dass eine Situation so verfahren ist, dass nur noch ein radikaler Schnitt, eine Auszeit die Chance verspricht, weiterzukommen. Die Zeit als Schnitt – davon schreibt Rilke nach dem Tod seiner Freundin Paula Modersohn-Becker im Gedicht »Requiem«:

Dass wir erschraken, da du starbst, nein, dass
Dein starker Tod uns dunkel unterbrach,
das Bisdahin abreißend vom Seither:

Das geht uns an, das einzuordnen wird
die Arbeit sein, die wir mit allem tun.

Tod und Trauer tragen in sich das Moment der Unterbrechung. Damit ist keine kleine Pause gemeint, wie das kurze Verschnaufen, bevor man den gleichen Weg weitergeht. Unterbrechung hebt auf eine andere Ebene, ändert den Blick. Sie heilt Eingefahrenes und eröffnet Neues.

Rilke spricht von »Arbeit«. Trauer ist etwas Aktives, ist ein Tun – auch in den Momenten, in denen es sich mehr nach Erleiden anfühlt. Trauer ist die Arbeit des Einordnens: Was war? Was ist? Was wird bleiben?

Es geht uns an, schreibt Rilke. Wenn der Tod in unser Leben einbricht, dann zerschneidet er unsere bisherige Erfahrungslandschaft, aus der wir unsere Identität aufbauen. Unser Leben geht nicht einfach weiter wie bisher, denn da ist ein Schnitt, wie bei einer Operation. Der Schnitt heilt. Aber es bleibt eine Narbe. Unser Leben geht weiter, versehrter und heiler. Anschließend gibt es ein Davor und ein Danach.

Die Zeit als Schnitt – das ist ein Bild, das Angst und Hoffnung zugleich macht, denn wir alle haben, wenn wir zurückschauen, schon viele Schnitte erlebt und überlebt.
Für welche Schnitte, Unterbrechungen und Veränderungen in meinem Leben bin ich heute dankbar?

Und irgendwo – dazwischen – Ich

Irgendwo dazwischen
Zwischen gestern und morgen
Im Heute, das ich nicht kenne, nicht verstehe
Nur leben kann

Dazwischen – Ich
Zwischen Ansprüchen und Erwartungen
Zusprechungen und Wünschen
Um mich, in mir, mit mir
Irgendwo

Ich – So kompliziert zu fassen
Im Heute, das von gestern kommt und nach morgen strebt
Ein Rumpf, ein Torso, abgebrochen oder unvollendet
Vielleicht auch beides, weil Vergangenheit und Zukunft sich treffen
Irgendwo in meinem Dazwischenzeit-Ich

Alles Ich – ein Dazwischen
Das sich selbst ruft
Das sich sucht
Im Irgendwo
Des eigenen Lebens
Um immer mehr selbst zu werden
Was Ich sein kann

Vor und Zurück

Die niederländische Trauerforscherin Ruthmarijke Smeding zieht das Bild des antiken römischen Gottes Janus heran, um zu beschreiben, wie Trauernde zwischen den Welten, zwischen den Zeiten stehen. Janus wird dargestellt als Gott mit zwei Gesichtern. Er gilt als Wächter der Türen und Tore und auch des Übergangs, der Rückblick und Vorausschau auf Neues zugleich in sich trägt. Ein Gesicht blickt zurück – das andere nach vorn. Was für jeden Übergang gilt, ist auch für die Trauer ein gutes Symbol. Man schwankt zwischen dem Blick zurück, auf das Leben und Sterben des anderen. Erinnerung wird neu bewertet, wichtig und unwichtig sortiert sich unter diesem Blick. Ebenso Gefühle: Wo bisher Selbstverständlichkeit war, ist jetzt vielleicht Schmerz. Wo Sorge war, ist vielleicht auch Dankbarkeit. Dieser Blick ist mitunter sehnsüchtig. Denn das Leben davor war in der Regel kein schlechtes. Es war vor allem unseres – und allein das fühlt sich vertraut und gut an. Daneben der Blick nach vorn: Wie soll mein Leben weitergehen? Was soll in Zukunft wie wichtig sein? Wie will ich Dinge organisieren, wer ist mir wichtig? Janus schaut in beide Richtungen – beide gehören dazu und dürfen gleichberechtigt sein: verlustorientiert zurück, zukunftsorientiert voraus. So einfach und so schwierig, immer wieder dazwischen hin und her zu springen.

Was ist meine Blickrichtung heute? Ist es vielleicht mehr als nur eine?

Begreifen – welch einfaches Alltagswort
mit unermesslicher Schmerzreserve darinnen.
Wo jedes Erkennen, jedes Begreifen
sich anfühlt wie nochmal ein kleiner Tod
mitten im Alltag,
weil es unerträglich wahr macht, was ist.

Was wir alles nicht, nie mehr gemeinsam tun können.
Welche Gespräche wir nicht führen werden.
Welche wichtigen Punkte wir nicht teilen können.
Immer wieder stoße ich daran,
an die vielen kleinen Todesschmerze,
weil der Tod so real wird, so spürbar,
weil du so fehlst in unserem Alltag und Wachsen.

Es weht der Wind ein Blatt vom Baum,
von vielen Blättern eines,
dies eine Blatt, man merkt es kaum,
denn eines ist ja keines.

Doch dieses eine Blatt allein
war ein Teil von unserem Leben,
drum wird dies eine Blatt allein
uns immer wieder fehlen.

RAINER MARIA RILKE

Wenn Unaussprechliches wahr wird

Die Größe des Verlusts im Alltag begreifen

Erst im Alltag beginnt wirklich das Verstehen – und das ist für Trauernde wie ihr Umfeld schwer zu begreifen. Denn bei den Menschen, die etwas ferner stehen, geht es in der Regel nach dem ersten Schrecken und der Bestürzung aufwärts. Sie gehen zurück in ihren Alltag, in dem der oder die Verstorbene vielleicht keine so große Rolle spielte. Trauernde erleben dagegen, dass es ihnen nach einigen Monaten schlechter gehen kann als direkt nach dem Tod oder der Beerdigung. Weil dann Schock, Überforderung und Wut nachlassen, die Aufgaben weniger werden, in die man flüchten konnte, die Erstarrung sich löst und man wieder fühlen kann. Im Alltag wird deutlich, wo der oder die andere überall fehlt, welche Routinen durch den Tod durchbrochen wurden: das gemeinsame Frühstück, die Telefonate, die Besuche; die Rolle, die er oder sie hatte als Anlaufstelle, Gegenüber, Alltagshilfe. Trauernde spüren erst jetzt Stück um Stück die Größe der Lücke und auch den Lückenschmerz, den sie verursacht.

Begreifen als Traueraufgabe klingt einfach und überschaubar – im Erleben ist es aber eine große Aufgabe, die einen erwartet oder unerwartet auch nach langer Zeit vor dieselben schmerzlichen Anfragen stellt. Wenn man vor großen Festen wie Hochzeiten, vor Abschlüssen oder anderen beruflichen wie privaten Umbrüchen den Schmerz spürt, das nicht teilen zu können. Wenn man sich nach dem Gegenüber, den Antworten, dem geteilten Humor sehnt. Der Lückenschmerz, der sich mit dem Begreifen einstellt, fragt immer wieder an, wie ich mich zu diesem oder jenem verhalten möchte. Und er wartet, bis ich Antworten geben kann. Dann fragt er wieder an oder geht noch weiter: Wer bist du? Und wer willst du sein? Wie willst du leben? Was sind deine Prioritäten angesichts der begrenzten Lebenszeit? Was ist das, was bleibt? Was gibt dir Halt auf diesem Weg? Wo suchst du danach?

Begreifen heißt einerseits entdecken, wo der oder die andere überall fehlt. Begreifen heißt andererseits aber auch all die Momente durchleben, in denen man merkt, dass es keinen einfachen Weg zurück gibt in das, was vorher war: Weil man sich selbst verändert und manche neuen Seiten und Aspekte an sich kennengelernt hat. Auch wenn die Trauer einen erwartet oder unerwartet einholt, liegt da ein Stück Begreifen drin: das Leben ist in einer Art komplizierter geworden, weil Glück und Unglück, Stärke und Schwäche, Freude und Schmerz einen anderen Rahmen bekommen haben. Und diese Erfahrung kann man nicht rückgängig machen.

Worte suchen

Wie fühlt sich Trauer an? Für meine Tochter war lange Braun die Farbe der Trauer, da genau das dabei herauskommt, wenn man alle Farben im Farbkasten mischt.

Eine andere Antwort gab ein trauernder Vater, der es beschrieb als »Liebeskummer ohne die Möglichkeit, sich etwas gutzureden«. Gutreden, das sind all diese Beschwichtigungsfloskeln, die wir kennen: Der andere war doch nicht so toll. Hat eben doch nicht so gut gepasst, weil sie oder er so anders war ...

Ich glaube, dass jeder Mensch andere Bilder für seine Trauer hat. Manche nehmen dann eher das gebrochene Herz, die verbrannte Haut, die Welle, die einen immer wieder überspült. Oder sie wählen Bilder aus dem Sport wie den Marathon oder das Bergsteigen. Oder Bilder aus der Natur: das Erdbeben, die Lawine, der Hangrutsch, die Wüste. Oder aus dem Erleben: das Labyrinth, die Reise.

Mir selbst helfen vor allem solche Bilder, zu denen ich ein Gefühl und einen Bezug im Alltag habe. Als ich neulich mal wieder vor dem Wäscheberg von sechs Personen stand, dachte ich, dass vielleicht auch das ein gutes Bild für meine Trauer ist. Weil ich so regelmäßig daran scheitere. Oder das Gefühl habe, dass andere Menschen das irgendwie besser und vernünftiger gemanagt bekommen. Vielleicht auch, weil die Wäsche sich scheinbar aus dem Nichts nachproduziert. Und ich mir immer dann, wenn ich endlich alles bewältigt habe, vornehme, ab jetzt alles ganz anders zu machen. Keine Pausen mehr zu machen, sondern ganz gewissenhaft immer weiter zu waschen, damit erst gar keine Berge entstehen. Danach mache ich erst einmal Pause. Erschöpfungspause nach der Leistung. Und Waschmittel fehlt dann manchmal auch.

Gerade wenn der Wind immer wieder dreht, können Worte und Bilder helfen. Manchmal habe ich vielleicht das Gefühl, voranzukommen. Besserung ist spürbar, zumindest Linderung des Schmerzes. Dann gibt es dieses Gefühl der Zeitsprünge, Zurückdrehungen in ein Davor, dass ich durchtrauert dachte. Trauergefühle und Trauerbegegnungen sind manchmal erwartbar, manchmal unerwartet. Und ich kann das manchmal gut annehmen, manchmal nicht. Schwierig wird es immer da, wo ich selbst nicht mehr weiß, was ist. Was ich denke, fühle, spüre, will. Sich fremd werden und erst langsam wieder hineinzuwachsen in das neue, trauergeschliffene Ich – das braucht haltgebende Worte und innere Bilder.
Welches Bild hilft mir, meine Trauer zu erklären?

Lebenszeichen-Telegramm

Und jetzt?
Bin ich klüger? Bin ich weiter?
Abgearbeitet? Geklärt?

Eigentlich
Nur müde
Unendlich müde

Und wund
Aufgeschribbelt
Nah an den Tränen

Wohl nicht mein Tag
Nach der Verletzung
Tauche mal unter

Rekonvaleszenzzeit
Am Tränenstrom
Nötig

Selbstmitgefühl

Auch wenn hier das Begreifen im Mittelpunkt steht, will ich ein Gefühl hineingeben, das es für alle Traueraufgaben braucht, das aber oft kleingeredet und übersehen wird: Selbstmitgefühl. Und dabei ist es so wichtig, um sich für die Wucht der anderen Gefühle zu wappnen, die mit ihren Themen anbranden. Selbstmitgefühl ist wie eine dünne, feine Schutzschicht. Wir vergessen es oft, weil wir es nicht gewohnt sind, so zu denken: dass wir selbst Mitgefühl brauchen.

Ich glaube, dass Selbstmitgefühl manchmal abgewehrt wird, weil es so ähnlich klingt wie Selbstmitleid. Und das möchte niemand – jemand sein, der oder die sich nur selbst leidtut oder bedauert und aus dieser Klageschleife nie in ein Tun und Gestalten kommt. Dagegen sprechen viel zu viele innere Glaubenssätze, die sagen, dass Selbstmitleid nichts hilft und man sich lieber am Riemen reißen sollte. Aber wenn ich die Perspektive drehe und meine Geschichte so erzähle, als wäre sie die einer Freundin ... Ich hätte Mitgefühl. Denn ich würde es ihr nie wünschen. Mir täte es leid um sie, selbst wenn ich vielleicht von außen das Maß gar nicht erkennen könnte. Und wir selbst?

Selbstmitgefühl macht nun dieselbe Bewegung: Es tritt aus dem aktuellen Leid ein Stück heraus. Fragt nicht nur danach, wer ich gerade bin und wie und was alles nicht klappt. Vielleicht ist es wie der gute Zuhörer, den man sich im Tiefsten wünscht. So wie Michael Ende im Buch »Momo« von ihr schreibt, dass allein ihr Zuhören machte, dass den anderen neue, kluge Gedanken kamen. Oder Entscheidungen heranreiften, Bestärkung, Mut.

So ist es auch, wenn man mit Selbstmitgefühlsohren sich selbst zuhört und sich erzählen kann davon, wie die Dinge geworden sind. Was man gedacht, gefühlt, gewünscht hat. Wovon man geträumt hat. Wie sich Hoffnung und Verlustangst abgewechselt haben und man immer festhalten wollte. Oder welche Geschichte wir auch immer zu erzählen haben.

Dann gelingt vielleicht auch das kleine Wunder, die eigene Schwachheit, die Ohnmacht, die Angst vor Schuld ein bisschen anders zu sehen. Mit Selbstmitgefühlsaugen. Man kann plötzlich Geduld haben mit sich. Mit den ewig gleichen Fragen und Bildern, die man hat, die man sich stellt. Langmut entwickeln, wenn es wieder mal nicht geklappt hat mit dem Essen am Mittag.

Selbstmitgefühl – eine Haltung, mit der man sich selbst Zeit geben kann; die der eigenen Trauer Raum geben kann; die zugestehen kann, dass es jetzt eben so ist, wie es ist. Vielleicht klappt es ja morgen mit dem Mittagessen. Vielleicht kreisele ich morgen weniger um die alten Fragen. Aber für heute muss ich mir zumindest das nicht auch noch vorwerfen.

Welche Selbstmitgefühls-Zugeständnisse kann ich heute machen? Finde ich stärkende Worte für meine eigenen Wehmütigkeiten?

Geschichten finden, die tragen

Aus alten Legenden und Geschichten weht manchmal Sinn herüber in unsere Zeit. Eine dieser Geschichten ist für mich die Legende der heiligen Martha von Bethanien. Nach dem Tod Jesu waren sie und ihre Geschwister Maria und Lazarus übers Mittelmehr geflohen und kamen nach Südfrankreich in die Gegend von Carcassonne. In dieser Zeit trieb dort ein gefährlicher Drache sein Unwesen, dem die Menschen immer wieder ihre Kinder opfern mussten. Martha hörte diese Geschichte und bekam Mitleid. So zog sie los in die Berge und bezwang diesen Drachen, aber auf ganz andere Weise wie andere legendenhafte Kämpfer, die mit Schwert und Lanze gegen diese Untiere zogen und sie töteten. Sie bezwang ihn mit ihrem Gesang, der ihn beruhigte.

Wie oft wünschte ich mir, ich würde diese Melodie kennen, dieses Lied, den Text. Ich mag diese Drachen-Idee und glaube, dass jeder Mensch seine eigene innere Martha braucht. Denn manchmal sind unsere Ängste wie Drachen, die Leben wegnehmen, es überschatten oder fast bis zur Unkenntlichkeit verfinstern. Im besten Fall hüten sie einen Schatz. Vielleicht aber auch nur eine andere Angst. Marthas Gesang erzählt von einer besonderen Lösung: nicht töten, sondern beruhigen. Nicht verwerfen, sondern anpassen. Nicht vergessen, sondern erinnern. Es gibt so vieles, bei dem wir als Erstes zu den radikalen Methoden greifen, wenn etwas anders ist als gewünscht oder erhofft.

Aber nicht nur die alten Geschichten helfen, der Trauer einen anderen Rahmen, ein anderes Umfeld zu geben. Sondern auch jene, in denen Menschlichkeit oder Solidarität heute aufleuchten. Ich sammle diese Geschichten, in denen Menschen einander beistehen. Und wenn es nur die kleine Erzählung vom im Bus vergessenen Handy ist, das jemand abgegeben hat, ohne viel Drumherum. Eine dieser Geschichten ist für mich die vom Telefon des Windes: Ich habe vor einiger Zeit eine Dokumentation darüber gesehen. Im Garten von Itaru Sasaki in Otsuchi steht eine Telefonzelle mit einem alten, nicht angeschlossenen Telefon. Er stellte sie nach dem Tsunami, bei dem in diesem Ort viele Menschen gestorben sind, auf. Als Verbindungsort. Als Hoffnungsort, Traumort, Weinort. Als Trauerort, um mit den Verstorbenen zu sprechen, um das auszusprechen, was sonst keinen Platz hat, aber irgendwohin muss, was Worte, einen Ort, eine Gestalt braucht.

Inzwischen waren mehr als 10.000 Trostsuchende aus aller Welt in dieser kleinen Telefonzelle. Das »Telefon des Windes« hat eine ganz einfache Gebrauchsanweisung:

»Schließen Sie die Augen und hören Sie zu.
Wenn Sie den Klang des Windes, der Wellen und der Vögel hören,
dann sagen Sie, woran Sie denken.«
So einfach und so schwer.

»Vielleicht sind alle Drachen unseres Lebens Prinzessinnen, die nur darauf warten, uns einmal schön und mutig zu sehen. Vielleicht ist alles Schreckliche im Grunde das Hilflose, das von uns Hilfe will«, schreibt Rainer Maria Rilke. Welche Perspektiven kann ich auf meine inneren Drachen gewinnen? Was könnten sie schützen für mich?

Aushalten lernen

Es gibt Worte und Sätze, die sind missverständlich. Oft werden sie mit guten Absichten gesprochen – manchmal vielleicht auch, weil sie tröstlich klingen sollen, anspornen zum Weitermachen. »Das wird schon wieder.« »Die Zeit heilt alle Wunden.« »Wer weiß, wozu es gut ist.« Trauernde hören sie oft. Hilflose Trostsätze von Menschen, die glauben, sie müssten etwas lösen und wiedergutmachen. Dabei ist das gar nicht ihre Aufgabe. Lösen muss es der Trauernde. Und zwar, indem er oder sie schlicht trauert. Im eigenen Tempo, mit den eigenen Fragen und Wiederholungen. Andere müssen daneben nichts tun, als das auszuhalten.

Ich glaube, »aushalten« gehört zu den großen Wörtern, die sich leicht sprechen und schwer leben lassen. Denn es beschreibt einen merkwürdigen Zustand zwischen Passivität und Aktivität. Es braucht viel innere Aktivität, um nicht nach außen aktiv zu werden, Ratschläge zu geben, von sich selbst zu erzählen; um Stille zu übertönen mit Smalltalk, geschäftig irgendetwas zu tun, um die Situation für das trauernde Gegenüber vermeintlich leichter zu machen – sondern das sein zu lassen, was mein Gegenüber braucht. Aushalten widerspricht insofern genau dem Bild, das wir gerne von uns haben als gestaltende Menschen: Macher, hilfreiche Problemlöserin oder wie die Rolle auch heißen mag, in der wir uns gerne sähen.

Zum Aushalten gehört das Da-Sein wie die Demut und Ehrfurcht. Da-Sein ist mehr als sagen: »Melde dich, wenn du etwas brauchst.« Da-Sein hat etwas mit Präsenz zu tun, im Augenblick zu sein als ganze Person. Und wenn es nur der Topf Suppe ist, den man anbietet. Oder der Anruf, der mit den Worten beginnt: »Ich wollte mich melden, aber du darfst natürlich auch sofort sagen, wenn es dir zu viel ist und ich ein anderes Mal wieder anrufen soll.«

Da-Sein ist nahe an der Demut und Ehrfurcht, die sich die Mühe machen, wirklich hinzuschauen und das zu würdigen, was das Gegenüber bewältigt und trägt auf seine oder ihre Weise. Auch wenn ich es vielleicht anders machen würde. Ich finde das einen schönen, einen herausfordernden Gedanken, denn letztlich ist das die andere Seite der Demut: Ich erkenne nicht nur den anderen an, sein Leben und seine Art und Weise, den Herausforderungen seines Lebens zu begegnen. Ich erkenne auch meine eigenen Grenzen an: die Grenzen meines Trostes, meines Wissens – und vielleicht noch mehr die Grenzen meiner eigenen Hoffnungen und Stärken, ohne deshalb weglaufen zu müssen. Denn an diesen Grenzen findet letztlich die Erkenntnis statt, wer ich selbst bin oder sein könnte, wenn alles wegbricht.

»Vor lauter Lauschen und Staunen sei still, du mein tieftiefes Leben«, beginnt ein Gedicht von Rilke. Staunen können vor den Wundern des Lebens ist eine Haltung und beginnt mit sehr kleinen Entdeckungen: dass Schneckenhäuser Kunstwerke sind, Wolken ständig ziehen und sich verändern, sich der Grund unter unseren Füßen immer wieder verändert, jedes Obst anders schmeckt, die Erde sich dreht und wir Tag und Nacht haben.
Welche großen und kleinen Wunder säumen heute meinen Weg?

Freunde

Du lehnst dich zurück.
Ich spüre dein inneres »Puh, geschafft«
durch jede Faser meines Körpers.

Dein inneres Schulterklopfen, dass du dir mich zugemutet hast,
duldsam, als gute Freundin gegenüber dem,
was du lieber nicht gehört hättest.

Du fühlst dich tapfer,
erleichtert, dass nun Normalität beginnen kann
durch deinen Einsatz.

Und ich?
Ich bin nicht fertig.
Ich bin nicht leichter.
Nur leer, ohne Kraft.
Ich würde gerne alle Worte wieder einfangen,
behalten und bewahren bei mir.

Verstehst du nicht,
dass es nur ein Teil der Geschichte ist, dieser Tod?
Dass ich ringe um ein Weiterleben
mit dieser Erfahrung?
Dass ich suche nach etwas,
das sich echt anfühlt und mich trägt?

Ich fürchte, ich passe nicht in deine Normalitätserwartung
in meiner Erschütterung.

»Geduld nur, Geduld!«

Im Buch »Tomte Tummetott« von Astrid Lindgren wird erzählt, wie dieser gute Hauswichtel nachts über den Bauernhof geht. Es spielt im Winter und er raunt allen Tieren zu: »Viele Winter und viele Sommer sah ich kommen und gehn. Geduld nur, Geduld! Der Frühling ist nah.« Bald wird das Leben wieder blühen, sie können den Frühling, die Wärme der Sonne wieder spüren. Auch wenn das in kalter Winternacht unendlich weit entfernt scheint. Er wird kommen, der Frühling. »Geduld nur, Geduld.« Und in dieser Einfachheit ist eigentlich alles gesagt. Übers Leben und Warten. Übers Wachsen. Über den Wandel der Dinge, der Umstände. Und eben auch übers Trauern.

Es sind Worte, die aus der Angst helfen. Aus dem Gefühl des Nie-mehr und Für-immer. Es wird nicht für immer Winter sein – du wirst nicht nie mehr lachen können. Leider ist es nicht so einfach, diese Wichtelworte im Alltag zu finden. Denn ich glaube, es geht auch darum, wer sie spricht. Und wie. Ich kann sie mir zum Mantra nehmen – aber daneben brauche ich noch anderen Trost, um die Angst vor Für-immer und Nie-mehr zu beruhigen. Wohin mit dem, wovon das Herz so voll ist, was die Seele drängt und drückt?

Es gibt wohl so viele verschiedene Wege, Ausdruck dafür zu finden, wie es Menschen gibt. Die einen können in Musik oder Literatur Zugang finden zu ihren Gefühlen. Andere in den verschiedenen Formen künstlerischer Gestaltung, beispielsweise in Fotografie, Bildhauerei, Malerei, Kalligrafie. Doch es kann auch die Pflege des Gartens sein, in der man sich wiederfindet, die Gestaltung des Grabes oder einer Erinnerungsecke. Es kann das Aufsuchen gemeinsamer Orte und Erinnerungen sein. Sport, Tanz, Natur. Manche brauchen verbalen Ausdruck, suchen das Gespräch, das Erzählen und Wiedererzählen, das Gebet, finden Hilfe in Texten oder beginnen, selbst zu schreiben. Es ist ein Probieren und ein Wiederprobieren – in einer Zeit, in der man sehr wenig Kraft dafür hat und sich selbst so fremd ist. Und das macht es schwierig, das für sich Passende zu finden.

Wahrscheinlich ist es sinnvoll, bei den Dingen anzufangen, die man bisher als Ressource erlebt hat – und sich gleichzeitig die Offenheit zu schenken, etwas anderes zu versuchen, wenn es einem nicht guttut oder es sich nicht gut anfühlt. Es geht darum, seinen Impulsen zu trauen. Ich muss daraus nichts Festes machen, ich muss diese Art des Ausdrucks nicht mein Leben lang beibehalten und es als ein Für-immer betrachten. Es geht um das Jetzt, um das, was mir im Moment hilft, das sichtbar zu machen, was meine Seele ausfüllt und beschwert.

Suchen und wachsen – das braucht Zeit. Und die Wichtelworte, die einem zugeraunt werden: »Geduld nur, Geduld!«

Welche Personen, Orte oder Handlungen waren und sind in meinem Alltag Helfer bzw. Ressourcen?

Einbrüche und Lückentage

Begreifen findet im Alltag statt. Aber auch zu besonderen Zeiten wie Geburtstag, Todestag, Weihnachten, Neujahr, Hochzeiten, Taufen usw. Und zu Gelegenheiten, bei denen uns das oft nicht bewusst ist. Das können Abschlüsse, Jobwechsel, der Kauf eines neuen Autos, ein Umzug sein. Ein Umzug kann sich beispielsweise wie ein Verrat anfühlen, wie ein Noch-einmal-Verlieren durch das Abschneiden einer Erinnerungsverbindung. Denn eine Wohnung ist manchmal mehr als eine Wohnung, ein Job mehr als ein Job. Weil es vielleicht das letzte Stück geteilten Weges darstellt. Nie wieder wird der oder die Verstorbene bei einem Umzug helfen, die neue Wohnung mit aussuchen, beraten, streichen, Löcher bohren oder Fenster putzen. Oder gratulieren zum neuen Job. Dann ist es schwer, etwas aufzugeben. Weil man weiß, dass diese Verbindung mit der Veränderung abgeschnitten oder in die Erinnerung verlagert wird. Ich kann vom krumm aufgehängten Spiegel in meiner letzten Wohnung erzählen – sehen kann ich ihn aber nicht mehr jeden Tag.

Für viele Trauernde ist Weihnachten ein großes Thema – und das lange, bevor es da ist. Denn dieses Fest unterscheidet sich von den anderen erinnerungsschweren Tagen dadurch, dass es eigentlich keine Möglichkeit gibt, dem Thema auszuweichen. Es reicht schon, beim Bäcker ein Brot zu kaufen, in den Bus zu steigen, irgendwohin zu gehen ... man wird immer mit vorweihnachtlichen Vorbereitungen und Dekorationen konfrontiert sein. Dann steht man vor einer ganzen Reihe an Fragen: Was brauche ich, damit ich diese Zeit meistern kann? Was könnte passen? Was soll nicht sein? Mit wem kann ich gut feiern? Will ich überhaupt feiern? Wie gehe ich mit all dem »fröhliche Weihnachten« um, mit Glitzer, Geschenken und Konsum? Wie geht eigentlich so ein Weihnachten nach einem schwierigen Jahr, vor einem schwierigen neuen Jahr? Wie geht ein Weihnachten »ohne dich«?

Als mein Sohn noch jünger war, sagte er statt Weihnachten immer Weinernachten. Ich glaube, er hat uns mit diesem Wort einen Ausdruck für unsere ambivalenten Gefühle gegenüber Weihnachten geschenkt. Weil dieses Fest eben so sehr die Lücken zeigt: Wer uns fehlt, mit wem wir gerne gefeiert hätten, was uns traurig macht. Und dann steckt plötzlich selbst in den lustigsten Anekdoten über Weihnachtskatastrophen noch das Vermissen und der Vermissensschmerz. Weinernachten löscht diesen Schmerz nicht aus, es ist kein Wort, das wie von Zauberhand tröstet. Weil es das nicht gibt. Aber Weinernachten ist ein Erlaubniswort: Es hält auch weinen aus, Friedhofsgang und Feier, O du fröhliche und Innehalten, Freude und Frust. Und es klingt dabei auch noch schön.

Dingen, Anlässen und Menschen zutrauen, dass sie etwas aushalten. Und dass nicht zwangsläufig ich allein alles Schwere und Schwierige zu mir nehmen und selbst dafür sorgen muss, dass niemand sonst damit in Berührung kommt. Wenn ich mir die Erlaubnis gebe, anderen etwas zuzutrauen, geschieht ein innerer Perspektivwechsel. Anpassungsstress wird weniger.
Wem und was in meiner Umgebung traue ich zu, etwas auszuhalten? Und habe ich ihr oder ihm gegenüber schon einmal gesagt, wie sehr ich das schätze?

»Fröhliche Weihnachten« –

Eine Weihnachtskarte
So nichtssagend
Wie in einem normalen Jahr
Als wäre da nicht diese Finsternis gewesen
Dieses Fallen
Dieser namenlose Schmerz

Als wäre es nicht gewesen
Der Kampf
Um ein bisschen Licht
Und Morgen

Ich starre auf die Karte
Fühle mich schlecht behandelt von ihr
Missachtet
Bis ins trauerwunde Innerste

Denn es hat so viel Kraft gekostet
Aufzustehen und weiterzumachen
Immer wieder
Innerlich und äußerlich

Es war so mühsam
Sich aushalten zu müssen
Die Gedankenströme aushalten zu müssen
Anzuschwimmen gegen alle Strudel

»Fröhliche Weihnachten« klingt dünn
Als Wunsch für Menschen
Die kämpfen nicht unterzugehen
Weiter zu atmen irgendwie

Unbehaust behaust – behaust unbehaust

Ein Ineinander verschwimmender Gegensätze
So nah an mir, so sehr bei mir zu Hause
in dieser Zeit
aus der alle Gewissheiten
alle bisherigen Strategien
alle Bildnisse ausgezogen sind

Zuhause
in den nackten Wänden
meines Ichs
das sich sortiert
tastet
sucht

Ein Zuhause
ohne Nippes
ohne Liebgewordenes
ohne Vertrautes –
vertraut und fremd wohne ich
in meinem verrückten Lebenshaus

Ein Haus aus neuer Freiheit
Was hab ich zu verlieren?
Ein Haus aus Fragen und Tränen
Wie geht es weiter?

Gewissheiten, Strategien sind ausgezogen
ein Ich in nackten Wänden

Ein Ich
das sich einrichtet
Was passt zu mir?
Worein will ich noch passen?
Welcher Kompromiss darf sein?
Wohin will ich wachsen?

Ein Haus aus Fragen –
und doch ein Dach, mich zu bergen
Ich stehe nicht mehr nackt und bloß
verletzlich und mit offenen Wunden –
Ein Ort für meine Wegwunden
Ein Ort für meine Traurigkeit

Man kann gar nicht oft genug im Leben das Gefühl des Anfangs in sich aufwecken, es ist so wenig äußere Veränderung dafür nötig, denn wir verändern ja die Welt von unserem Herzen aus, will dieses nur neu und unermesslich sein, so ist sie sofort wie am Tage ihrer Schöpfung und unendlich.

RAINER MARIA RILKE

Die Lücke als Wirklichkeit anerkennen

Sich in den neuen Realitäten einfinden

Manchmal machen kleine Veränderungen an Worten einen großen Unterschied. So kann aus einem Tisch ein Fisch werden. Besonders spannend ist das aber bei Vorsilben. Gabriele von Arnim beschreibt in ihrem Buch »Das Leben ist ein vorübergehender Zustand« den feinen Unterschied zwischen »abfinden« und »einfinden«. Tatsächlich ist es etwas ganz anderes, ob ich mich mit etwas abfinde oder mich in etwas einfinde. Wenn ich mich abfinde, nehme ich die Umstände hin. Und ich bejahe sie, indem ich nicht mehr dagegen ankämpfe. Das ist sehr nah am ursprünglichen Sinn von lateinisch *tolerare*, aus dem unser Wort *Toleranz* geworden ist: Ich dulde etwas. Das kann aus Resignation sein, das kann aus einem Ohnmachtsgefühl oder vielleicht auch aus Geisteskraft sein, dass man sich wirklich mit etwas abfindet und den Alternativen nicht mehr nachtrauert, weil man sie gar nicht mehr sieht.

Einfinden ist etwas anderes. Ich erkenne die Situation, wie sie ist, und gestalte meine Möglichkeiten aktiv, sind meine Spielräume auch noch so klein. Ich erkenne damit die Realität an – und bleibe ihr gegenüber zugleich kritisch. Gerade das eröffnet Gestaltungsräume. Denn ich lasse mir die Tür offen, zu sagen: Ich wollte es eigentlich anders. Ich gehe mit den Gegebenheiten um, so gut ich kann – aber ich werde ihnen keinen Sinn zusprechen, sie rechtfertigen. Es ist vielleicht eine feine Unterscheidung, aber die möchte ich gewahrt wissen: Wenn ich die Wahl gehabt hätte, dann hätte ich mich anders entschieden.

Paradoxerweise entsteht beim Einfinden – gerade weil die Differenz zwischen Wunsch und Wirklichkeit offenbleibt – als Lücke etwas, das beim Abfinden nicht entsteht: Dankbarkeit. Ich kann sehen, dass auf einem schlechten Grund Gutes wächst. Weil ich eben den Grund als solchen weiterhin benennen darf als das, was er ist. Und weil alle kleinen Erfolge, alle kleinen Freuden und auch die großen daraus wachsen, dass ich mit den Gegebenheiten umgehe, das lebe, was eben möglich ist. Nicht als Duldung, sondern als Anerkennung der Wirklichkeit.

Sich einfinden heißt Lebenlernen mit Lücke, ohne den Lückenschmerz wegzureden. Und zugleich offen zu sein für das unerwartete Glück, das auch durch die Lücken hereinströmt. Das Unverhoffte.

Sich einfinden – das kann zuerst ein wimpernschlagkurzer Moment sein, wie der des Schwebens beim Schaukeln. Plötzlich ist da ein Raum und so etwas wie ein »Es-ist-gerade-gut«-Gefühl, das man nicht festhalten, noch weniger begründen kann.

Es ist wie eine geschenkte Auszeit zwischen entweder und oder, richtig und falsch, gut und schlecht. Es sind kompliziert-schöne Momente im Innersten, mit eigentümlicher Schwere und eigentümlichem Glück. Eine geteilte Erinnerung kann dieses Gefühl auslösen, wenn Glück und Schmerz, Gestern und Heute, Lachen und Tränen, Sehnsucht nach Früher und Sehnsucht nach Morgen zusammen da sind.

Sich einfinden ist aber auch: Dinge und Zustände, Haltungen und Gedanken nicht als etwas Festes sehen, sondern als Momentaufnahme, als Prozess auf einem Zeitstrahl. Das kann man sich gut am Begriff »Freiheit« veranschaulichen. Freiheit ist mehr als eine freie Entscheidung zu einem Zeitpunkt X. Freiheit ist, wenn ich durch die Zeit meine Entscheidungen fälle, revidiere, bereue, verändere, anpasse oder vielleicht auch immer noch mag und lasse. Denn ich glaube, es braucht immer die Möglichkeit, von der schön ausgemalten Zukunft und Entscheidung abzulassen. Ein Vorbild darin sind mir die Bremer Stadtmusikanten, deren Geschichte ich wiederentdeckt habe als eine, die mehr erzählt, als man gemeinhin beim Märchenvorlesen hört. Die Vier folgten einer gemeinsamen Idee: »Etwas Besseres als den Tod finden wir überall.« Gemeinsam setzten sie für diese Idee einen konkreten Ort, der Ziel ihrer Reise und Wünsche und Hoffnungen sein sollte: Bremen. Dann stießen sie unterwegs auf das Räuberhaus im Wald und blieben einfach dort. Weil es gut war. Es war nicht Bremen – aber ein guter Ort zum Leben. Und das ist klug, das ist freundlich mit sich, das ist Ausdruck von Stärke und Freiheit: Ziele haben und Ziele verwerfen. Wenn es etwas anderes Gutes gibt – warum nicht?

Kurz da

Für einen Moment bin ich aufgetaucht,
habe nicht gesprochen durch eine Maske,
die Normalität und Alltag
für euch transportieren soll.

Für einen Moment
war ich wirklich in den Worten,
in den Zeichen und Gesten,
die ich machte.

Für einen Moment
war ich wirklich bei euch,
habe es genießen können,
eure Lebendigkeit.

Für einen Moment,
einen wertvollen Moment
war ich ganz zu Hause
in meinem äußeren Leben.

Ein Brief an dich

Mein Liebes,

vieles geht mir heute durch den Kopf – und es ist so schwer zu fassen für mich. Ungeordnete Versatzstücke und Ideenfetzen wirbeln durcheinander, Texte, Gestalten, innere Sorgen und Fragen. Manchmal kommen mir meine Gedanken vor wie Ameisen, die eine Picknickdecke erobern. Wie aus dem Nichts sind sie da – und plötzlich überall. Ein kleiner Späher geht voraus: ein kleines, kurzes Momentchen des Nachdenkens, das Aufflackern eines »Warum«, eine Begegnung – und schon sind alle da und erobern den geordneten Raum, den ich mühsam geschaffen habe. Alles vibriert, kitzelt, kribbelt, wenn aus dem Nichts plötzlich alle Gedanken da sind, alle Sorgen, Ängste, Fragen. Wie Ameisen eben, die ein kleiner Krümel eingeladen hat, ohne dass ich es gemerkt habe.

Ich merke, wie ich einerseits dann um Worte ringe. Weil ich so gerne erklären würde, was ich denke oder fühle; und es auch als Glück empfinde, Worte zu finden, um mich selbst zu verstehen. Und noch mehr, wenn es gelingt, Worte zu finden, damit auch andere verstehen können. Auf der anderen Seite bin ich damit aber auch müde, will ich es manchmal gar nicht genau wissen, würde einfach am liebsten Worte und Gedanken ausschalten können.

Doch ich fürchte, dass ohne diese Worte immer mehr auseinandergleitet, was alles in mir ist. Trauer ist etwas anderes, als einfach nur traurig zu sein. Auch wenn das schon oft mehr als ausreichend ist. Trauer betrifft viel mehr, stellt viel mehr infrage und auf den Kopf: Wahrheiten, Verlässlichkeiten von früher – das sind nur meine Bilder, wie ich jetzt weiß. Meine Vorstellung, wie die Welt funktionieren soll, wie ich funktioniere, meine Beziehungen, mein Körper, mein Leben, meine Gedanken, mein Charakter, mein Glaube. Ich wusste natürlich immer, dass ich nicht verschont bleibe von Leid, weil ich mich wenigstens um ein gutes Leben bemühe. Aber es fühlt sich anders an, es zu denken oder es zu erleben: »der Wunsch, verschont zu bleiben, taugt nicht«, schreibt Hilde Domin in ihrem Gedicht »Bitte«. Und ich verstehe diese Gedichtzeilen heute neu. Es taugt nicht, allein darauf das Leben zu bauen in den inneren Bildern: die kleine Hoffnung, vielleicht unversehrt durchzukommen.

Das soll nicht bitter klingen. Ich glaube, es ist mir etwas zugewachsen an Wirklichkeitserfahrung. Aber es braucht Zeit, damit umzugehen. Weil es anders macht. Mich zu einer anderen macht. Ich »werde anders« – passiv und aktiv. Von außen und von innen. Anders werden durch eine ungewollte Erfahrung, ungewolltes Erleben – das »andert« mich gegenüber meinem bisherigen Sein, aber auch im Miteinander: Weil anderes erwartet wird, anderes sein soll. Die Anderskraft ist größer als meine Normalitätssehnsuchtskraft. Mir gehen die Geschichte von Lots Frau, von Orpheus und Eurydike in diesem Zusammenhang immer wieder durch den Kopf. Oder die Berufung des Jesaja, dem der Engel glühende Kohlen in den Mund legt, damit er anders sprechen kann. Es gibt Situationen, die du erlebst, Bilder, die du siehst, nach denen kannst du nicht einfach wieder zurückkehren in dein Leben. Du bist eine andere.

Und zugleich auch nicht. Anfangs dachte ich, dass ich ab jetzt alles, was ist, die Menschen um mich als reines Glück und Geschenk anschauen, dass ich jeden Tag nur so strotzen will vor Dankbarkeit ... Irgendwann ist aber eben wieder Alltag. Und Wäsche. Und Hausaufgaben. Und dann muss man irgendwie doch erziehen und Dinge verbieten oder man ärgert sich und streitet. Man muss arbeiten und hat nicht unbegrenzt Zeit. Wie früher – als das Früher noch nicht das »Davor« war. Das fühlt sich an wie Verrat an dem, was man vielleicht aus dem Schlimmen gelernt haben könnte: dass es nichts Wichtigeres gibt als gemeinsame Zeit. Sich der Realität zu beugen, dem, was realistisch möglich ist – das kann an der Stelle befreiend sein. Und auch, sich das »Davor« ganz realistisch anzuschauen. Da war ebenfalls Alltag, Wäsche und Streit. Und doch ist es aus heutiger Perspektive »das gute Leben«, nach dem ich mich zurücksehne. Anders werden, mich anders sehen, anders gesehen werden. Ich entwickle auch viele Dankbarkeiten damit.

Wir tragen alle unsere Wunde nach außen, sie ist offen, sichtbar, schmerzt. Weil wir sie oft gar nicht verbergen können. Das ist die eine Seite. Aber in dieser Offenheit sehen wir mit neuer Klarheit all die Wunden anderer, ihre Geschichten spülen anders bei uns an. Ich höre Schmerzgeschichten, sehe Schmerzgesichter, die selbst nach Jahren noch die Wundnarben spüren und sie dennoch sichtbar machen für mich, für uns. Ich bin darum vielleicht doppelt dankbar für diese Menschen, die uns ihre Narben zeigen, die verstehen und verbunden sind im Schmerz. Denn sie sind zugleich auch Hoffnungsgestalten, dass das Leben mit Narben gelingen kann und gut wird.

Und ich bin dankbar für all die Geschichten und Gesten, wo andere für uns eintreten in ihrem Maß und Rahmen. Ich habe ihn immer gemocht, den Gedanken der Stellvertretung: für andere stellvertretend hoffen, für andere stellvertretend glauben, wenn es über deren Grenzen geht. Heute spüre ich, wie viel mehr in dem Gedanken liegt, wie viel er einem bedeuten kann: Da sind Menschen, die denken an uns. Da sind Menschen, die für uns beten und glauben. Da sind Menschen, die uns begleiten – im Alltag konkret oder durch ihr Mitgefühl. An sie zu denken, macht mein Gefühl, allein und leer zu sein, aushaltbarer. Darum bin ich froh, dass es diese Menschen gibt, die für uns glauben und hoffen, die uns mittragen in ihren Gedanken, die uns umfangen in ihrer mitfühlenden Achtsamkeit. Und ich bin froh, mich verwoben zu wissen mit Menschen, die unser Schicksal berührt.

Vielleicht ist es das auch, was Hilde Domin in ihrem Gedicht an anderer Stelle meint, wenn sie über den einzigen Wunsch schreibt, der taugt im Leben: dass wir »immer versehrter und immer heiler / stets von neuem / zu uns selbst / entlassen werden«. Ich weiß manchmal nicht, was ich denke oder wohin es mich führen wird, aber es ist ein Staunen in mir, dass wir miteinander hierhergekommen sind.

Deine Reisegefährtin Anke

Welchen Brief an mich selbst, mein Herz, meine Seele, meine Trauer, an Freunde, Familie, meine Verstorbenen ... will ich schon lange einmal schreiben? Ist es ein Dankbrief? Ein Erklärbrief? Ein Meldebrief? Eine Entschuldigung?
Kann ich heute beginnen, ihn zu schreiben, egal ob er jemals abgeschickt wird oder einen anderen Ort bekommt?

Um Trauer wachsen

Viele Menschen gehen in die Trauerbegleitung mit dem Bild und der Sehnsucht, dass am Ende alles wie vorher ist. Dass die Traurigkeit verschwunden ist, wenn man nur alles richtig gemacht hat. Doch würden damit nicht auch alle anderen Gefühle verschwinden? Und was ist mit den Dingen, die man auf dem Weg über sich selbst gelernt hat? Sind die dann ebenfalls alle weg, weil man sie ja nicht mehr braucht und die Trauer eine abgeschlossene Episode ist, die nicht mehr schmerzt?

Gesellschaftlich optimiertes Trauern würde wahrscheinlich so funktionieren. Aber ist das wirklich das Ziel? Oder verliert man damit die Verstorbenen nicht noch einmal, wenn sie keine Spuren hinterlassen, wenn nicht einmal ihr Tod Spuren hinterlässt?

Lois Tonkin geht mit ihrem Trauermodell »Growing around grief« einen anderen Weg. Sie stellt sich das Leben mit dem Tod eines geliebten Menschen so vor, dass wir um die Trauer herum wachsen. Jeden Tag in kleinen Schritten.

Was ist bei mir gewachsen? Wo habe ich Neues und Unerwartetes entdeckt oder wo ist Altes und Vertrautes weitergewachsen?

Viele Menschen glauben,
dass die Trauer mit der Zeit weniger wird.
In Wirklichkeit wächst aber unser Leben
um unsere Trauer herum weiter.

LOIS TONKIN

Sinn-Verweigerung

Ein Schritt heraus
Aus dem Schmerzkarussell
Und doch ein Verbot
Auszusteigen

Es hat keinen Sinn
Kein Warum
Das zu beantworten ist
Denn jede Antwort
Hat den Preis der Schuld
Für irgendwen

Kein Sinn
Keine Antwort
Eine offene Wunde
Die vielleicht offen bleiben muss
Um besser heilen zu können
Ohne ein verdeckendes Pflaster
Um den Preis einer Schuld
Nicht genug zu sein
In Seele, Taten, Denken

Es gibt ein wundersames Wachsen
An den Stellen des Schmerzes

Es ist was es ist
Lehrt die Trauer die Liebe

Wir fällen Entscheidungen
Nach unserem Wissen
Nach unserem Denken
So gut wir können

Wir müssen leben
Mit den Konsequenzen
Ob willkommen
Oder zu durchschmerzen

Wir tun
Und müssen lassen
Wir pflanzen
Und müssen begraben
Es ist uns manches gegeben
Manches genommen

Gib dem Leben die Hand
Steh zu deinen Entscheidungen
Egal welche Gestalt sie am Ende
Angenommen haben.

Sich versöhnen

Angesichts von Krankheit, Sterben und Tod zu agieren und zu handeln ist sehr schwierig – zumal man sich in der Regel nicht im Letzten darauf vorbereiten kann. Es bleibt immer diese mehr oder weniger kleine Lücke an Dingen, die man nicht weiß oder tun kann. Weil die Umstände so sind, wie sie sind, und manches nicht plan- oder steuerbar ist. Wenn ein Mensch stirbt, gibt es darum in der Regel vieles, was offenbleibt: Zeit und Zukunft, die man nicht mehr hat. Worte, die man gern gesagt hätte. Fragen, die man gerne geklärt hätte. Eigene Sorgen und Ängste, etwas verpasst oder übersehen zu haben. Schuldgefühle oder Versagensfantasien, die dazugehören, wenn Entscheidungen gefällt werden mussten. Diese offenen Themen, die lähmend sind und mit denen man sich auch mitunter im Kreis dreht, in der Trauer nicht nur bei sich zu behalten und sie im Verborgenen wirken zu lassen, sondern ihnen eine Gestalt zu geben in Wort oder Geste, ist wichtig. Denn wir blicken zurück aus einem fertigen Bild, einem gegenwärtigen Gefühl. Mit Stresstunnelaugen und -ohren. Für den Moment fühlt sich alles nach Katastrophe an. Und dann nehmen wir automatisch an, dass auch alle Schritte davor katastrophisch gewesen sein müssen. Das Gehirn formt die Erinnerungen entsprechend.

Man kommt also nicht darum herum, man muss mit vielen Dingen umgehen: mit Bildern von dem oder der Verstorbenen, Handlungen, Worten. Mit Bildern von sich selbst, die vielleicht nicht getragen oder sich verschoben haben. Mit Entscheidungen, die man im Nachhinein anders fällen würde. Mit dem Erleben von Druck, Ohnmacht, Hilflosigkeit, Überforderung, Wut. Und auch mit Menschen, die einen enttäuscht oder verletzt haben. Versöhnung heißt: an manchen Stellen eine Bindung lösen in ein Geschehen oder Erleben, das mich am Weiterleben hindert. Sein lassen, was mich eng oder klein macht. Sein lassen, was alle Kraft bindet, die ich an anderer Stelle dringender brauche. Versöhnung ist deswegen keine gute Tat für andere. Manchmal ist Versöhnen vielmehr eine Form der Selbstrettung aus Verstrickung und Bilderflut. Und sie lässt wieder atmen.

Der erste Schritt ist Selbstmitgefühl. Was konnte ich damals wissen? Nicht heute, nicht mit dem fertigen Bild im Kopf. Was habe ich zu dieser Zeit damals gedacht, gehofft und gewünscht? Und was war mein Erfahrungshorizont damals? Was kam mir wahrscheinlich und plausibel vor? Was konnte ich noch spüren und tun?

Der zweite Schritt kann dann in den Blick nehmen, was offengeblieben ist, wenn ich mich wohlwollender betrachte.

Welches Ritual könnte mir helfen, das in Worte oder Gesten zu verpacken, was offengeblieben ist?

Trauer ist hell und gelb wie die Sonne,
wenn wir uns an unseren Erinnerungen wärmen.
Trauer ist orange wie das Feuer,
wenn Verzweiflung, Wut, Schuldgefühl und Ohnmacht in uns brennen.
Trauer ist rot wie die Liebe,
wenn wir uns verbunden und einander nahe fühlen.
Trauer ist blau wie das Meer,
wenn wir frisch und klar aufstehen und neue Schritte gehen können.
Trauer ist lila wie der Himmel am Abend,
wenn wir erschöpft und herzwund ins Bett fallen.
Trauer ist grün wie der Baum, der jedes Jahr aufs Neue im Frühjahr seine Blätter in den Himmel streckt,
wenn uns Leichtigkeit und Hoffnung trotz allem im Innersten kitzeln.
Trauer ist braun wie eine matschige Novemberwiese,
wenn wir traurig sind und das Gefühl haben, ewig steckenzubleiben und immer wieder von vorn beginnen zu müssen.
Trauer ist weiß wie ein leeres Blatt,
unbeschrieben und bereit, etwas Neues zu werden.
Trauer ist schwarz wie der Gewitterhimmel,
wenn wir uns alleine den Stürmen des Lebens ausgesetzt fühlen und Angst haben.
In der Trauer wohnt alles Frohe und alles Schwere,
wohnen alle Farben zusammen in unserem Herzen.

Denn wenn etwas uns fortgenommen wird, womit wir tief und wunderbar zusammenhängen, so ist viel von uns selber mit fortgenommen. Gott aber will, dass wir uns wiederfinden, reicher um alles Verlorene und vermehrt um jeden unendlichen Schmerz.

RAINER MARIA RILKE

Sich fremd werden und wiederfinden

Die Vielfalt der aufbrechenden Gefühle durchleben

Trauerzeiten, das sind Zeiten der Klage, des Aufschreis und des Rückzugs. Zeiten der Wut und der Erschöpfung, der Einsamkeit und der Gemeinschaft. Alles, was unser Leben ausmacht – in Trauerzeiten fühlt es sich manchmal an, als läge es unter einem Brennglas. Eine Erklärung dafür könnte die besondere Dünnhäutigkeit sein, die Trauernde empfinden. Dinge verletzen tiefer, Ohren hören anders. Man ist nicht so belastbar, fühlt sich schneller angefragt als ganzer Mensch. Dünnhäutig eben.

Auch wenn vieles individuell sehr verschieden ist – Trauernde machen in der Regel die Erfahrung, dass Gefühle über sie hereinbrechen, die sie so nicht kannten oder erwartet haben. Ein Gefühlschaos, das manchmal bedrohliche Züge annimmt, da man es nicht stoppen oder ordnen kann. Alles scheint durcheinander zu gehen: Trauer, Wut, Schuldgefühl, Ohnmacht, Zorn,

Hass, Neid, Einsamkeit ... Auch körperlich hat dieses innere Toben Auswirkungen: Appetitlosigkeit und Gewichtsverlust, Schlafstörungen, Ruhelosigkeit, Erschöpfung, ein Gefühl innerer Leere und Freudlosigkeit und auch häufigere Infekte. Zudem ist es manchmal eine Begegnung mit der eigenen irrationalen Seite, was man vielleicht an sich sogar befremdlich findet. Die Gefühle kommen und gehen, man ist machtlos und ohnmächtig, einmal mehr Spielball – dieses Mal des inneren Geschehens.

Wenn es einen Weg gäbe, direkt zu Dankbarkeit und liebevoller Erinnerung zu springen, ich bin mir sicher, die meisten Trauernden würden ihn gerne nehmen. Denn auf dem Trauerweg begegnen auch schwierige Gefühle, die man nicht haben möchte und von denen man denkt, dass man sie als aufgeklärter und weltoffener Mensch auch nicht haben will. Neid zum Beispiel. Oder Einsamkeit. Oder Klage, die nach einer Weile niemand mehr hören will, mit der man sich anderen nicht zumuten möchte, weil niemand gerne eine Zumutung ist. Dennoch gehört es dazu, auch diese Gefühle zu durchschmerzen. Natürlich würde man gerne wieder normal funktionieren, wäre es schön, wenn am Abend ein Essen auf dem Tisch stünde, man alles lenken könnte – aber die andere Reaktion ist angesichts des Verlusts angemessen. Und sie darf darum so sein.

Die vielfältigen Gefühle und ihr Wechsel sind zudem Ausdruck der vielfältigen Suchbewegungen nach Halt, nach Verstehen, nach sich, nach den Verstorbenen. Es erweist sich aber oft als schwierig, in dieser Phase ein Gegenüber zu finden. Man ist für sich selbst und die anderen unberechenbar und dadurch schwer auszuhalten. Manches kann man vielleicht selbst nicht verstehen, noch weniger erklären. Dann kommt noch eine Scham dazu: Ob man überhaupt so sein darf? Ob man überhaupt so klagen darf? Ob diese Gefühle überhaupt angemessen und okay sind?

Gefühle zu durchleben erfordert Kraft. Um das Nebeneinander vielfältiger, auch gegensätzlicher Gefühle aushalten zu können, braucht es immer wieder Gegengewichte: Pausenmomente; Erinnerungszärtlichkeit; Weltverbundenheitsideen; Ressourcenstärkung; gute Geschichten, Dinge und Begegnungen, aus denen man etwas schöpfen kann. Zu den Gegengewichten gehört auch das Wissen, wie man sie aktiv setzen kann. Denn es ist völlig legitim, sich manchmal abzulenken, zu beruhigen, eine Auszeit zu nehmen, das zu tun, was einem guttut, Kraft und Ressource ist auf dem Weg durch die Gefühlswogen. Gerade, wenn man sich selbst mitunter fremd, verrückt vorkommt und sich fragt: Bin ich noch normal? Und bin ich richtig, vor allem wenn mir mein Umfeld langsam mit Ungeduld begegnet?

Gefühle zu durchleben braucht zudem geschützte Orte. Das kann ein Ort allein sein oder ein Gegenüber, das manches tragen kann – ein menschliches, ein geistig-spirituelles oder ein Gegenüber in Papier, Wort, Bild, Ton, Schaffen, Tun, Schauen ... Wenn eine neue Trauergruppe startet, staune ich immer, wie schnell sich die Teilnehmenden verbunden fühlen. Vielleicht liegt es daran, dass es so erleichternd ist, einen Rahmen zu haben, in dem man sich einmal nicht erklären muss. Es ist jedoch sicher auch das Gefühl von Loyalität und Wärme den anderen gegenüber. Weil ich schon einmal davon ausgehe, dass sie mich verstehen, ich meine Stacheln nicht aufstellen, mich nicht verteidigen muss oder damit aufwarten, was ich alles bin und kann.

Gefühlshuckepack

In Trauerzeiten brandet die Trauer in immer unterschiedlicher Intensität an. Es gibt immer wieder Zeiten, in denen die Trauer einem sehr nahe ist, alles prägt. Dann wieder scheint alles gut bewältigbar. Alltagsruhe.

Eine Besonderheit an starken Gefühlen wie Trauer ist, dass sie zum einen anstecken, so wie Freude und Lachen. Und: Starke Gefühle können einander »Huckepack« nehmen. Das spürt man, wenn unterschiedliche Gefühle und zum Teil ganz andere (Trauer-)Themen einander verstärken und wieder tief hineinführen in eine Trauer, die einem gerade weit weg erschien. Da ist vielleicht das Gefühl, nicht zu genügen. Zu wenig zu schaffen. Nicht so stark zu sein, wie man es gerne wäre. Ohnmachtserleben. Nachrichten über Krankheit, Krieg. Überforderungsmomente. All diese Gefühle kommen auch außerhalb der Trauer vor – aber eben genauso oft, wenn der Tod da ist, wenn man nichts ändern kann. Wenn man einfach nicht heilen kann, die Hoffnung so wenig ändert an der Situation wie die Verzweiflung.

Begegnet man nun vielleicht beruflich dem Gefühl, einer Sache nicht gewachsen zu sein, kommt alle Trauerverzweiflung wieder hoch. Und eine kleine Aufgabe, die man nicht bewältigen konnte, löst eine große Trauerwelle mit allem Gefühlschaos dazu aus.

Welche Gefühle und Erfahrungen nehmen sich in meiner Trauer am häufigsten Huckepack?

Auf und Ab

Eine Erschwernis in der Zeit der Trauer ist das Erleben, sich manchmal selbst nicht zu kennen in der Heftigkeit und Unberechenbarkeit der Gefühle. Man kann mitunter auch nicht einschätzen, was einem gerade hilft und was nicht, was einem guttut und was eher überfordert. Man kann es nur austesten – und immer wieder austesten. Denn was an einem Tag schlimm ist, kann am anderen gut sein. Und das darf so sein in dieser Zeit des inneren und äußeren Ungleichgewichts.

Dabei ist es gut, als Trauernde erst einmal bei dem anzusetzen, was man von sich selbst weiß: Was mag ich? Was hilft mir normalerweise, wenn es mir nicht gutgeht? Doch manchmal kann man auch ganz schön in die Irre gehen mit dem, was sonst hilft. Ich mag beispielsweise Spazierengehen. Und so habe ich mich auf einen Spaziergang mit unserer Hündin gefreut. Frühling, Sonne, Hund, Zeit – eigentlich eine sichere Bank. Aber als ich in all meiner Trauer so auf der Straße stand, empfand ich plötzlich den Sonnenschein als völlig unangemessen. Die Frühlingsblumen empörten mich ebenso wie die Knospen an den Linden. Warum tut die Natur so mächtig? Ist sie gar nicht. Weiß ich ja. Und ich nahm es jedem kleinen Leberblümchen und Winterling persönlich übel, dass es sich so verdammt hoffnungsfroh von der Sonne hat wecken lassen und das Winterkahl bunt macht. Beim Magnolienbaum mit den wachsenden Knospen drei Häuser weiter habe ich dann endgültig umgedreht. Eigentlich beneidete ich die Besitzer bis dahin immer um den Baum, weil es so schön ist, wenn die Knospen immer länger werden und man jeden Tag darauf warten kann, dass sich die erste Blüte öffnet. Aber jetzt waren sie falsch. Eigentlich wollte ich auch überhaupt keine Zeit haben für einen Spaziergang. Und die Hündin lief mir nicht im richtigen Tempo und schnupperte an den falschen Dingen. Was mit guter Laune und der Idee einer Auszeit startete, endete völlig unerwartet.

Mein nächster Spaziergang dagegen endete anders. Ich glaube, weil ich weniger erwartet habe von mir an Glück und Schönfinden-Wollen. Weil ich nicht den Anspruch hatte, es müsse sich anfühlen wie früher und ich müsse so empfinden, wie vermeintlich alle anderen es tun. Die bunten Tupfer machten mir Mut, streichelten das Gefühl, dass das Leben weitergeht. Dieselbe Situation war plötzlich ganz anders. Auch, weil ich mich nicht mehr selbst als Fehler empfand im perfekten Frühlingsbild.

Welche Ahnung, welches Wissen über das, was mir hilft, würde ich gerne mal wieder testen?

Blumen

Und es gibt sie noch –
die Blumen.
Manchmal empfinde ich es als Verrat,
wie sie ihre bunten Köpfe durch die dunkle Erde schieben
und sich selbst, ihr Leben, ihre Kraft, ihre Schönheit
feiern.
Wie sie sich freuen an ihrer Macht,
die Welt zu verändern.

In anderen Momenten tue ich alles,
um ihr Blühen zu unterstützen, voranzutreiben.
Ich befreie Stauden von dürren Trieben,
schneide frei,
pflanze.

Ich lasse mich verändern, stelle ich fest:
Es gibt sie noch,
die Blumen,
die Schönheit,
die Kraft,
das Leben.

Und staune dankbar über ihre Macht,
mich mit der Welt zu verändern.

Erwartungsmanagement

Der Kommunikationswissenschaftler und Therapeut Paul Watzlawick sprach in einem Vortrag einmal vom »Spontan-Paradox«. Wenn jemand einem beispielsweise sagt: »Sei doch mal spontan!« oder man sich selbst vornimmt, jetzt doch mal spontan zu sein – das funktioniert nicht. Die Aufmunterung bewirkt eher das Gegenteil. Weil ich dann weiß, dass mein Gegenüber mich eben überhaupt nicht spontan findet und ich die Kritik darin spüre. Vielleicht ärgere ich mich auch oder habe das Gefühl, jetzt erst recht Argumente liefern zu müssen, die gegen diesen »Spontanvorschlag« sprechen. Ärger macht eng, man versteift sich mehr auf das Bekannte. Am Ende ist in der Regel genau das Gegenteil erreicht.

Das gleiche Paradox gibt es bei dem Wunsch: »Sei doch mal wieder fröhlich!« Es funktioniert nicht, so wenig wie »Schau doch mal nach vorn!«, »Sieh doch das Gute darin!«, »Sei doch wieder die Alte!« – oder wie auch immer diese Sprüche lauten. Sie alle machen einen grundlegenden Fehler, indem sie »wollen« und »können« vermischen. Vielleicht würde ich gerne lachen können – und wenn ich es nicht tue, dann nicht, weil ich es nicht will, sondern weil ich es nicht kann. Gegen Nicht-Können hilft kein guter Zuspruch, kein Ratschlag. Gerne zu wollen, was ich nicht kann, sorgt noch zusätzlich für Schmerz. Versagensgefühle. Einsamkeit. Weil man eben auch noch das Gefühl hat, etwas falsch zu machen, Belastung zu sein, den anderen nachzustehen.

Trauer klingt heute manchmal nach einem Fehler im »Mindset« – vor allem an den Stellen, wo Menschen mit vermeintlichem Trost um die Ecke kommen: »Sei doch froh über die gemeinsame Zeit, die ihr hattet.« »Aber stell dir vor, er wäre vielleicht behindert wieder aufgewacht …« Ein bisschen schwingt in all dem mit: Du willst einfach nicht wieder in dein altes Leben passen. Du willst einfach nicht so lustig sein wie früher. Stattdessen willst du nur zurückblicken und auf der Stelle treten. Ich habe immer das Gefühl, dass wir den Unterschied zwischen wollen und können bzw. nicht wollen und nicht können nicht mehr erkennen. Dann warten die einen auf etwas, das in ihren Augen möglich ist. Und die anderen erstarren vor etwas, das sie zu diesem Zeitpunkt nicht können.

Wollen ist nicht gleich können. Und wünschen ist nicht gleich können. Und dürfen ist nicht gleich können. Und einmal können ist nicht gleich wiederholbar können. So einfach ist das mit dem Können.

Ich glaube, jeder Mensch hat eine innere Sammlung, was er oder sie gerne können wollen würde.
Was würde ich am liebsten können, wenn ich es ohne Aufwand in einer Sekunde erlernen könnte?

Schuldangst

In der Regel kann ich mit dem Satz, dass Dinge nicht grundlos passieren, nicht viel anfangen. Er macht mich irgendwie unruhig, denn er geheimnisst einen Sinn in Dinge, den diese vielleicht gar nicht haben. Manchmal passt mir der Satz aber auch gut in den Kram. Wenn man etwas vergessen hat, ist es doch schön, sich selbst zu erzählen, dass es bestimmt gut so war. Das nimmt einem ein bisschen Verantwortung. In anderen Fällen ist der Satz aber auch ein Grund tiefen Verzweifelns. Wenn es nämlich nicht um eine vergessene Kleinigkeit geht, die man damit elegant umkleidet, sondern um die großen Themen Krankheit, Sterben und Tod. Manche Menschen mögen die Vorstellung auch dann noch, aber die meisten möchten den Satz in letzter Konsequenz nicht aushalten müssen. Wenn alles einen guten Grund hat – welchen hat die Krebserkrankung, der Herzinfarkt, der Unfall, die Totgeburt …? Und selbst wenn es einen Grund hat, den ich verstehen kann – warum hat es dann ausgerechnet mich, meine Familie getroffen?

Die Erzählung, dass nichts ohne Grund geschieht, führt zudem in Fragen der Schuld, die man sich selbst oder anderen zuweisen muss, damit diese Erzählung aufgeht. Schuldzuweisungen gehen oft eine Bindung ein mit anderen Emotionen wie Angst oder Scham. Sie treffen uns bis ins Innerste, selbst wenn wir rational gesehen wissen, dass vieles, was wir als Schuld empfinden, keinen objektiven Grund hat, nicht so klar als richtig oder falsch definierbar ist. Würden wir die Menschen um uns fragen, würden sie die Dinge anders bewerten. Es ist darum vielleicht Teil der Schuldangst, dass sie ein recht einsames Gefühl ist.

Für Schuldangst gibt es leider keine Zauberformel, die sie einfach fortjagen könnte. Ich kenne auch keine Abkürzung aus der Schuldspirale. Ich glaube, man muss sie einmal ganz bis zum Ende gegangen sein. Alle Fantasien von Allmacht, Ahnung und Siebtem Sinn, die man nicht hatte, betrauern. Im besten Fall hilft auf diesem Weg das Wissen, dass Erinnerung nichts Feststehendes ist, keine neutrale, objektive Rückschau, die Fakten wie ein Film wiedergibt. Sie hat etwas mit Erleben und Deuten zu tun. Wer aus einem fertigen Bild zurückblickt, verändert die Perspektive noch einmal: Plötzlich entdeckt man Anzeichen, die da vielleicht vorher waren – oder eben auch nicht. Selbst Ahnungen oder Gefühle wie eine Unsicherheit werden mit einem Mal zu großen Warnzeichen, die man übersehen hat. Aber oft ist es wahrscheinlicher, dass man einfach nichts übersehen hat.

Vielleicht hilft dabei auch Hanlons Messer, wenn man es auf Schuld umschreibt: Erkläre nicht mit Schuld, was mit Neuheit, Müdigkeit, Unachtsamkeit, Überforderung, Ahnungslosigkeit, Optimismus, Hoffnung, eingeschränktem Erfahrungshorizont und einfach fehlender Allwissenheit hinreichend erklärt werden kann. Das ist nämlich bei allen Menschen so. Das ist Leben.

Schuldangst ist oft einsam, weil sie kein Gegenüber findet, man sich nicht wagt, sie jemandem anzuvertrauen, sie auszusprechen. Vor allem, wenn man vielleicht andere als Schuldige meint. Um ihre Schatten und Wirkmacht zu mildern, hilft nur, sie ins Licht zu holen. Wenn ich ein Blatt Papier als Bühne, einen Stift als Scheinwerfer nehme – welche Schuldworte sammeln sich dann hier?

Dornenzeit

Meine Rosen
Tragen Dornen

Jetzt ist nicht die Zeit zu blühen
Anzuziehen und einzuladen
Jetzt ist die Zeit
Fernzuhalten
Was mich verunsichert

Denn er ist dünn
Der Schutzmantel
Den es sonst gibt
Verletzlich mein darunter
Und gebunden die Kraft

Dornen wachsen
In der Hoffnung
Mal zu blühen
Gegen alle Angst

Wut, was alles nicht war

»Wir waren voller Hoffnung.« In Gesprächen höre ich diesen Satz, der eigentlich so schön ist, mit Schmerz. Mit Selbstvorwurf: Wir waren naiv. Wir haben bis zu deinem Tod nicht daran geglaubt, dass du wirklich sterben könntest. Dass es wirklich so sein könnte, dass wir dich dem Tod nicht abringen und am Ende das Leben und seine Kraft feiern können. Wir können uns darum nicht rühmen für diese Hoffnung wie die, bei denen es gelang, denen ein Wunder geschenkt wurde: »Wir haben die Hoffnung nie aufgegeben!« – das können sie feiern.

Aus dem fertigen Bild des Todes zurückzublicken, tut an vielen Stellen weh. Weil man sich mit diesem Wissen manchmal fragt, wo die Abzweigung gewesen wäre. Ob man etwas anders hätte tun können. Man findet ganz sicher einige Punkte – und wenn es nur der Selbstvorwurf ist, manche Dinge nicht bewusster erlebt, ihnen mehr Zeit und Aufmerksamkeit geschenkt zu haben. Es gehört darum zu den paradoxen Trauergefühlen, dass Hoffnung plötzlich Schmerz und Wut auslöst, dass man nicht auf die anderen Möglichkeiten geblickt und sich besser »vorbereitet« hat. Wenn man spürt, dass man immer nur weiter nach vorn geschaut hat und in der Gegenwart zu wenig behaust war. Wenn man sich vorwirft, das Wunder nicht genug gewürdigt zu haben, dass der oder die andere einfach nur da ist.

Trauernde erzählen manchmal von einer ganz eigenen Form der Wut auf das, was man alles nicht leben konnte. Was zum Beispiel durch das Zusammenleben mit einem kranken Angehörigen alles nicht möglich war. Es fällt nicht leicht, sich diese Wut ein- und zuzugestehen als Teil der eigenen Trauer. Weil man auf der anderen Seite so froh ist um jeden Moment, den man noch hatte, und jeder Augenblick vor dem Horizont der begrenzten Zeit so unendlich wertvoll ist.

Eine Hilfe kann sein, genau zu unterscheiden zwischen Sache und Person: Die Sache, die Krankheit, hat mir viel genommen an Lebens- und Wachstumsmöglichkeiten. Auf die kann ich richtig wütend sein, ich kann sie als ungerecht anklagen und dagegen aufbegehren wie Hiob, der sein Leiden nicht unkommentiert hinnimmt, sondern flucht und schimpft und wütet. Und das, obwohl ich um jeden gemeinsamen Tag mit der vermissten Person froh bin.

Wut ist eine starke Emotion. Und für viele auch eine schwierige. Der amerikanische Präsident Thomas Jefferson empfahl: »Wenn du wütend bist, dann zähle bis zehn, bevor du sprichst; wenn du sehr wütend bist, bis hundert.« Damit hat er etwas Wichtiges gefasst: Wut braucht Zeit. Und sie braucht im Zusammenleben Distanz und Abkühlung. Weil erst dann wieder möglich ist, zu differenzieren, ins Gespräch zu gehen und zu erklären, was einen so wütend macht und was man sich vielleicht gewünscht hätte oder wünscht.
Wenn ich alle Erziehung einmal beiseite schiebe: Kann ich die Wutkraft genießen, die in mir ist? Kann ich Wutenergie übersetzen in ein Tun? Wuttrotzig handeln, ohne über Folgen nachzudenken? Mich versöhnen mit meiner Wut als Überlebensimpuls?

Trauerkater

Es gibt eine eigene Art der tiefen Erschöpfung, wenn die Trauer einen mit ihren Gefühlen mehr als nur gestreift hat. Zum Beispiel nach Gedenktagen, Geburtstagen, Festtagen. Diesen Anlässen sieht man oft mit Sorge entgegen. Paradoxerweise gehen sie dann oft besser als gedacht vorüber – und kurz darauf überfällt einen ein Gefühl wie ein Trauerkater. Ausgelaugt irgendwie. Erschöpft. Gefühlsmüde und merkwürdig leer. Wie eben nach einer zu langen Nacht, die nachhängt. Vielleicht, weil die große Anspannung wegfällt und man in etwas wie ein Loch fällt.

Einen Trauerkater spürt man aber auch in Zeiten, in denen die Wellen und Wogen der Trauer einen sehr beuteln und herumwerfen und man nur irgendwie weiteratmen kann als Spielball der Gefühle. Manchmal dauert das eine gefühlte Ewigkeit. Dann ist man erschöpft, weil so viel Mühe und Kraft notwendig waren, um irgendwie durchzukommen. Ein Trauerkater aus überbeanspruchender Anstrengung und Wegmüdigkeit. Welcher Art der Kater auch immer ist – er wirkt nach. Und es ist gut, dafür Zeit einzuplanen und sich nicht zu wundern, dass man erschöpft ist. Würde man nach einem Marathon auch nicht tun.

Wegmüde – das sind nicht nur die Muskeln in den Beinen. Wegmüde sind wir durch und durch, wenn wir nicht mehr wissen, wohin schauen, was tun, wohin sich wenden, was denken. Wegmüdigkeit braucht darum Herbergen – Menschen, Orte, Worte, Taten, die guttun. Wer oder was sind meine Herbergen? Wo kann ich ausruhen mit meinen Wegmüdigkeiten und -wunden?

Geburtstag

Wie ging es? Wie kam ich durch?
Woher diese Dumpfheit heute? Spüre ich noch etwas?

Erinnerungstage –
sie bewegen mich immer lange voraus
und dann hören alle Gedanken plötzlich auf.
Wie eine Uhr, die aufgezogen ist,
laufe ich dann durch den lange ausgemalten Tag,
ohne anzuhalten.

Kein Leid, kein Zusammenbruch.
Ich spule ab, was ich davor gedacht habe,
um dann in dem Moment nicht mehr nachzudenken,
welcher Tag heute ist.
Am nächsten Tag nichts als leere Erschöpfung.
Ist es gut? Ist es schlecht?
Ich weiß es nicht.

Vielleicht habe ich den Tag so sehr vorgefeiert,
dass er schon ein Alltag ist, erschlossen und gedeutet,
irgendwie fertig, gefühllos fast
in einer so oft begrüßten Traurigkeit,
dass sie als Gast nicht mehr auffällt.
Warst du da? War ich da?

Ich war es und war es nicht.
Bin durch meine Stunden gelaufen wie eine aufgezogene Uhr.
Es ist nicht nichts, die Feder zu spannen,
dass sie läuft und alles abspult
auf dem Weg, sich zu lösen, zu entspannen.

Vielleicht war der Schmerz, die Anspannung und Traurigkeit
zuvor so sehr aufgezogen,
dass der Tag selbst fast Entlastung war.
Kein Grübeln mehr, wie er gehen kann.
Nur gehen.

Gebrauchsanweisung für Trauernde

»Ich wusste nicht, was ich sagen soll oder wie ich mit dir umgehen soll und ob das oder jenes okay ist und ...« So oder so ähnlich beginnen viele Gespräche in den Trauerzeiten. Darum frage ich mich, ob es nicht manchmal gut wäre, eine Gebrauchsanweisung für Trauernde zu haben. Ich habe schon einmal ein paar Punkte gesammelt:

- Es gibt keinen Trost, kein Wort, das alles wiedergutmachen kann. Also rede einfach mit mir oder hör zu und vergiss diesen Anspruch.
- Es braucht ein ganzes Netz aus Freunden und Nahestehenden, um durch diese Zeit zu kommen. Jede, jeder zählt mit seiner Art.
- Sei konkret in deinen Vorschlägen und sage nicht: »Melde dich, wenn du was brauchst.« Ich weiß nämlich oft selbst nicht, was ich brauche. Und dann kann ich mich auch nicht melden.
- Traurig zu sein hat einen Grund und ist kein Mindset-Problem. Es ist ein echter Mensch, der fehlt. Und das für immer. Das ist ganz schön lange.
- Sei geduldig und pathologisiere mich nicht, nur weil ich anders bin als du mich kennst. Ich bin traurig. Misslaunig manchmal und manchmal fröhlich. Aber nagle mich nicht auf die eine oder andere Gefühlslage fest. Es wechselt. Labil bin ich trotzdem nicht.

- Schraube den Anspruch herunter, dass es wieder »wie früher« wird. Es wird wieder schön, das ahne ich in vielen Momenten. Aber eben auch anders. Und dieses »Anders« ist der Raum, in dem meine größten Schätze, Bindungen, Erinnerungen ruhen. Mach ihn darum nicht schlecht.

Welche Gebrauchsanweisung würde für mich heute stimmen?

Wie gern würde ich es aufschlagen
Wie ein neues, leeres Buch
Das neue Jahr vor mir

Unverletzt
Unversehrt
Mit Händen
Die nicht im Feuer waren
Schmerzhaft gereinigt

Wer bin ich heute
Wer bin ich jetzt
Nach dem letzten Jahr?
Ist das wirklich
Alles gewesen?

Es ist so unwirklich
Und so grausam wahr
Auslöschen möchte ich nichts davon
Nicht das Ringen
Nicht das Fallen

Denn alles
Ist dich zu bergen
In Gedanken
In Erinnerungen
In Gesten

Das fortzuschreiben ins Heute
Ist meine Übersetzungsaufgabe
Die bleibt

Ich lerne sehen. Ich weiß nicht,
woran es liegt, es geht alles tiefer in mich ein
und bleibt nicht an der Stelle stehen, wo es
sonst immer zu Ende war.

RAINER MARIA RILKE

Ich finde dich in allen Dingen

Verbindungen wachsen lassen, die bleiben und Halt geben

»Continuing Bonds« – das Wissen aus der Bindungsforschung ist längst in die Trauerbegleitung eingeflossen. Man weiß heute, wie wichtig Bindungen sind. Ich glaube, wir brauchen sie schon allein, weil sie unlöschbar Teil unserer Geschichte sind, Teil dessen, was wir erinnern, Teil der eigenen Biografie, Teil dessen, was wir »Ich« nennen, unseren gewachsenen Charakter, unsere Überzeugungen, Gedanken, Fähigkeiten ... Wenn wir überlegen, was war, was ist und was sein soll, brauchen wir dazu andere als Gegenüber, an denen wir uns ausrichten und orientieren können, die uns Rückmeldung und Resonanz geben, denen wir folgen oder von denen wie uns abgrenzen können. Und die uns ansprechen. Denn selbst unser Name wird uns zuerst von anderen zugesprochen. Wir sind immer verbunden. Und es gilt, diese Abhängigkeit von anderen anzuerkennen als Wirklichkeit: Dass unsere persönliche Geschichte ist, wie sie ist, hat mit den Bindungen zu tun, die wir aufgebaut haben. Und mit den Menschen, die uns in irgendeiner Weise geprägt haben. Dazu zählen auch die Verstorbenen.

Gespräche mit den Verstorbenen zu führen, Orte aufzusuchen, an denen man sich ihnen nahe fühlt, besondere Erinnerungsstücke zu pflegen – all das sind darum keine bedenklichen Zeichen unbewältigter Trauer, sondern Ausdruck der Bindungen, die über den Tod bleiben. Zudem ist es tröstlich, Spuren des oder der anderen zu finden. Und auch, die Beziehung in veränderter Weise fortzuführen. Denn es schließt zugleich nicht aus, sich an die neuen Lebensumstände anzupassen. Vielmehr ist es ein eigener, wichtiger Prozess der Trauer, all die Erinnerungen, Gefühle, Gewohnheiten anzuschauen, die sich durch den Tod verändern müssen, weil das direkte Gegenüber fehlt, und sie zu transformieren. Ich kann beispielsweise nicht mehr mit dir frühstücken und dadurch Zeit und Aufmerksamkeit auf dich richten. Aber ich kann Blumen zum Grab bringen, Zeit und Aufmerksamkeit an dieser Stelle auf dich richten.

Max Frisch schreibt in seinen Tagebüchern über Liebe: »Das ist das Erregende, das Abenteuerliche, das eigentlich Spannende, dass wir mit den Menschen, die wir lieben, nicht fertigwerden; weil wir sie lieben, solange wir sie lieben.« Solange wir lieben, ist der andere für uns nicht fertig, er darf sich verwandeln, unsere Beziehung darf sich verwandeln. Und das, was oft Angst macht, ist dann eigentlich das Wichtige: Die Beziehung darf sich auch nach dem Tod weiterverwandeln, muss sich weiterverwandeln, um lebendig zu bleiben. Den anderen nicht in ein starres Bildnis zu gießen, sondern nach dem zu fragen, was er oder sie war – für mich. Und was bleibt, was ich an Spuren von ihm oder ihr entdecke – äußerlich und innerlich. Als Haltungen, Überzeugungen, Charaktereigenschaften, geteilten Hobbys oder Leidenschaften.

Interessant übrigens und vielleicht auch mehr als nur eine Fußnote der Geschichte: Im eigenen Praxistest nach dem Tod seiner geliebten Tochter Sophie konnte selbst Sigmund Freud, Begründer der Psychoanalyse und dem Ideal des »Loslassens« als Ziel der Trauer, die Trauer nicht abschließen. Aber es gehört vielleicht zu seiner Größe, damit einen versöhnten Umgang zu haben. So schrieb er seinem Freund Ludwig Binswanger zu ihrem anstehenden zehnten Todestag: »Man weiß, dass die akute Trauer nach einem solchen Verlust ablaufen wird, aber man wird ungetröstet bleiben, nie einen Ersatz finden. Alles, was an die Stelle rückt, und wenn es sie auch ganz ausfüllen sollte, bleibt doch etwas anderes. Und eigentlich ist es recht so. Es ist die einzige Art, die Liebe fortzusetzen, die man ja nicht aufgeben will.«

Trauer verändert aber nicht nur die Verbindungen zu den Verstorbenen. Sie stellt auch andere Verbindungen auf den Prüfstand oder es bilden sich neue. Denn sie zieht einen aus den normalen Kontexten und Beziehungen und man steht plötzlich an einem anderen Ort, an einem anderen Punkt, vor anderen Fragen. Da rücken Dinge und Menschen auseinander, andere rücken plötzlich in den Vorder- oder Hintergrund. Themen steigen aus der Versenkung herauf. Eine Zeit der Veränderungen.

Erinnerung

Erinnerungen sind vor allem am Anfang oft sehr zwiespältig: Quelle von Dankbarkeit und Freude – aber eben auch des Schmerzes. Manchmal wird das noch verstärkt, wenn vor allem schwierige letzte Bilder von Krankheit und Tod andere Erinnerungen überlagern, man sich von ihnen wie abgeschnitten fühlt.

Alle unsere Erinnerungen sind mit Emotionen verbunden – und auch wenn manche weit zurückreichen, braucht es oft nur einen kurzen Impuls, ein Bild, Geruch, Geräusch oder Gefühl, um Ereignisse oder Erlebnisse wieder in unser Bewusstsein zu holen. Erinnerungen bedeuten ein Wissen, woher ich komme, was mich ausmacht. Sie sind aber nicht nur im Rückblick wirksam. Sie sind auch eine Kraft, um das Leben in die Zukunft zu gestalten, weil sie Erlebtes deuten und ihm Bedeutung geben für den weiteren Weg und die eigene Haltung zum Leben: Wer sich deutlich macht, was und wer einen geprägt hat, was einem wichtig und wertvoll ist, welcher Auftrag vielleicht aus manchen Erlebnissen und Erfahrungen erwächst, kann darin eine Richtschnur finden. Auch die Verstorbenen haben vielfältige Spuren hinterlassen, die man entdecken kann: Wie sie uns geprägt haben, was man vielleicht geteilt hat an Gemeinsamkeiten, welche Erfahrungen man lebendig halten möchte, welche Charakterzüge man schätzt.

Im jüdischen Talmud finden sich Worte darüber, dass hartnäckiges Vergessen-Wollen das »Exil« verlängert, man in inneren Gefangenschaften voll seelischer Fesseln stecken bleibt. Rückbesinnen und Erinnern sind im jüdischen Verständnis wichtige

Schritte, um einen guten Weg zu finden für die eigene Zukunft. Denn um diese selbst gestalten zu können, muss man sich mit der Vergangenheit auseinandersetzen: Was gilt es festzuhalten? Und was gilt es freizugeben, um auch selbst frei zu werden? Ein besonderes Erinnerungsfest im Judentum ist das jährliche Pessach. Darin steckt der Auftrag: »Sachor« – »Erinnere dich!«. Denn in den alten Geschichten vom Auszug der Israeliten aus Ägypten liegen die Aufgaben für die Gegenwart, wie das Leben angesichts dieser Erfahrung geführt werden soll.

Erinnern als Aufgabe, damit die Toten lebendig bleiben und nicht verloren gehen, auch dieser Gedanke ist im Judentum wichtig. Weil die Erinnerung der Ort der Verbindung ist – ebenso wie das Zukunftshaus, an dem wir in allen kleinen und großen Schritten auf dem Trauerweg bauen.

Ein Haus aus Erinnerungen – auf jüdischen Friedhöfen finden sich oft Steine auf den Gräbern. Sie sind Zeichen, Symbole für den Satz: Ich erinnere mich an dich.
Welche Erinnerungssteine könnte ich heute niederlegen? Und wo?

Erinnerung

Beim Aufgang der Sonne und bei ihrem Untergang
erinnern wir uns an sie.
Beim Wehen des Windes und in der Kälte des Winters
erinnern wir uns an sie.
Beim Öffnen der Knospen und in der Wärme des Sommers
erinnern wir uns an sie.
Beim Rauschen der Blätter und in der Schönheit des Herbstes
erinnern wir uns an sie.
Zu Beginn des Jahres und wenn es zu Ende geht
erinnern wir uns an sie.
Wenn wir müde sind und Kraft brauchen,
erinnern wir uns an sie.
Wenn wir verloren sind und krank in unserem Herzen,
erinnern wir uns an sie.
Wenn wir Freuden erleben, die wir so gerne teilen würden,
erinnern wir uns an sie.
Solange wir leben, werden sie auch leben, denn sie sind nun ein Teil
von uns, wenn wir uns an sie erinnern.

JÜDISCHES GEBET

Mein Bild für dich

Immer mehr Trauernde lassen sich heute tätowieren. Und wie man auch zu dem Thema an sich stehen mag – ich glaube, der Weg zu einem Tattoo ist schon ein spannender Abschnitt Trauerweg. Denn letztlich versucht man in einem Wort, einem Bild, einem Symbol zu verdichten, wer der oder die Verstorbene war, was sie ausgemacht, die Beziehung besonders gemacht hat. Ein ganzes Leben, ein ganzer Charakter in wenigen Strichen – das finde ich außergewöhnlich. Und ich finde die Frage dahinter spannend: Was wäre mein Bild, mein Symbol für dich? Fällt mir ein Gegenstand, eine Sache, ein einzelnes Bild, ein Wort oder eine Geschichte ein, in dem sich der oder die andere finden und erzählen lässt? Charakter, Eigenheiten, die ihn oder sie so spiegeln, wie sie oder er war und was für mich wichtig war?

Ein Symbol finden – das kann man nicht nur für die vermissten anderen, sondern auch für sich selbst, für die Trauer, wie sie sich anfühlt. Ein einfacher Weg ist, rauszugehen in die Natur (dazu zählt auch die kleine Stadtnatur) oder in menschengemachte Lebensräume und Ausschau zu halten nach einem Symbolbild für das, was ich gerade empfinde oder was ich mir wünsche: Aufbrechen wie die Knospen? Wunden verschließen wie ein harziger Baum? Grenzen setzen und dabei nicht immer so verflixt nett sein wollen, wie die Brennnesseln es tun?

Was uns die Natur in jedem Fall lehren kann, ist weniger Angst davor zu haben, dass Dinge zugleich da sind, die nicht zusammengehören. Wie bei der Linde vor unserem Haus im Frühling: Da sind aufbrechende Blätter in zartem Grün. Aber auch kahle Äste. Sogar ein abgebrochener, den die Stürme des Herbstes nicht wegblasen konnten und der in den anderen festhängt. Vögel leben darin und singen. Der Stamm mit seinen kleinen Verletzungen und Austrieben. Und Wurzeln, die den Asphalt anheben und bröckeln lassen, um aus dem harten Boden neue Austriebe zu schieben.

Rainer Maria Rilke schreibt einmal:
»Wenn du an mich denkst, erinnere dich an die Stunde,
in welcher du mich am liebsten hattest.«
Gibt es dafür ein Bild oder Symbol, das diese Stunde oder das Gefühl fasst?
In welchen Symbolen und Gegenständen fühle ich dich geborgen, was in meinem Umfeld erzählt mir von dir?
Was könnte mich selbst heute symbolisieren?

Wer bin ich?

Normalerweise denken wir über vieles in unserem Alltag nicht nach. Weil kein Grund dazu besteht. Wir vertrauen auf Dinge, die immer da waren. Und wir denken in den Rollen, die andere Menschen oder wir selbst im Zusammenleben übernommen haben. Ich entdecke in meiner Küche keine Veränderung – ich muss nicht überlegen, wo der Wasserkocher steht oder die Milch, wohin ich zum Einkaufen gehe und welchen Bus ich nehmen muss zur Arbeit. Ich muss auch nicht überlegen, an wen ich mich mit welchem Redebedarf wende und wem ich vertraue.

Ich handle im Alltag also, ohne darüber nachzudenken bei jedem Schritt. Aber dann geschieht etwas, das genau diese Selbstverständlichkeiten auf den Kopf stellt. Manchmal plötzlich: Trennung, Krankheit, Unfall, Streit, Tod. Manchmal schleichend und mehr oder weniger absehbar und (mitunter auch freudvoll) geplant: nach der Schule, nach dem Studium, nach dem Auszug, ja selbst im Urlaub, wenn ich mir Dinge neu aneignen muss. Wenn Routinen infrage gestellt werden, dann wird – je nach Anlass mehr oder weniger – auch das Leben auf den Prüfstand gestellt. Weil man plötzlich erkennt, dass es auch anders sein könnte. Dass die Wirklichkeit, wie wir sie kennen, nicht absolut zu sehen ist. Sie ist nur die uns vertraute Welt. Das fängt mit kleinen Alltagserfahrungen an. So müssen wir beispielsweise gar nicht weit fahren, damit ein Kopfnicken »Nein« und ein Kopfschütteln »Ja« bedeutet.

Wenn sich das Fundament plötzlich nicht mehr so fest anfühlt, wie bisher gedacht, gibt es viele Möglichkeiten auf der einen

Seite, wenig Halt auf der anderen. Vor allem die großen Veränderungen lösen darum Krisen aus – Sinnkrisen, Lebenskrisen, Jobkrisen, Ehekrisen. Allen gemeinsam ist, dass sie eine große Frage im Gepäck haben: Wer bin ich?

Wer war ich, wer bin ich, wer will ich sein?
Woran habe ich geglaubt, woran glaube ich,
woran will ich glauben?
Worauf habe ich gehofft, worauf hoffe ich, worauf will ich hoffen?
Was gab mir Halt, was gibt mir Halt, was wird mir Halt geben?
Wer bin ich ohne dich?

Preis der Lebendigkeit

Vom Leben betreffen lassen heißt auch
Den Schmerz in aller Tiefe erleben
Die Verzweiflung
Das Ringen
Die Traurigkeit einlassen
Bis ins Innerste

Und dann
Hoffnungsstur aufstehen
Und dem Leben staunend
Wieder und wieder die Hand reichen

Wort an Wort

Ich habe einmal gelesen, dass dem »Messi-Syndrom«, also der Unfähigkeit, Dinge wegzuwerfen, eine »Wertbeimessungsstörung« zugrunde liegt. Ich finde dieses Wort einen großen Gewinn für meinen Wortschatz, gerade in Bezug auf die Trauer. Zum Beispiel, wenn es um Beziehungsangaben geht. Die Ehefrau wird Witwe. Das Kind, dessen Eltern verstorben sind, wird Waise – voll oder halb. Aber bei allen anderen Beziehungsveränderungen, hinter denen kein bestimmter staatlicher Anspruch auf Geld steht, gibt es gar kein Wort dafür. Es gibt kein Wort für den Bruder oder die Schwester, der oder die ein Geschwister verloren hat. Oder für jemanden, dem der oder die Lebenspartner:in gestorben ist. Oder für den Freund, die Freundin. Oder das Enkelkind mit Oma oder Opa und andersherum. Selbst für Eltern, die ein Kind verloren haben, gibt es keinen eigenen Begriff. In Analogie zu den Kindern ohne Eltern nennen sie sich »verwaiste Eltern«. Genauso wie verwaiste Geschwister, verwaiste Lebenspartner, verwaiste Freunde, verwaiste Enkel, verwaiste Großeltern und alle anderen. Und sie alle erleben verwaiste Orte, Beziehungen, Momente – eben Lücken. Leerstellen, an denen jemand fehlt. Und allen gleich schlimm fehlt. Auch ohne eigenes Wort.

In der Wahrnehmung anderer geht mit einem eigenen Wort, einem Fachbegriff aber leider oft auch eine Anerkennung einher, nach dem Motto: Wenn es dafür sogar ein Wort gibt, dann muss es das geben. Und so wird aus dem Vorhandensein oder eben Fehlen eines Wortes plötzlich eine Hierarche. Eine Art Leid-

Olympiade, welcher Tod am schwersten zu überleben ist. Das Fehlen des Wortes hat eine Wertbeimessungsstörung zur Folge – vielleicht, weil es als Referenzpunkt fehlt. Oder weil schon wieder etwas Sagbares fehlt.

»Wir wohnen Wort an Wort«, so beginnt ein Gedicht der Lyrikerin Rose Ausländer. Worte gibt es viele in unserem Leben. Und sie verbinden uns – ganz konkret mit einem Du. Welche Worte sind heute in mir?

Luftbrücken

»Ich setzte den Fuß in die Luft, und sie trug.« Diesen Satz schrieb die Dichterin Hilde Domin in einem Brief an ihren Bruder in einer dunklen Zeit, als sie nach dem Tod ihrer Mutter in eine Krise geriet. Sie sagt weiter, dass es die Gedichte waren, die über diese Luftbrücke zu ihr kamen, die ihr geholfen haben.

Einen Schritt ins Ungewisse tun, sich mittragen lassen von dem, was kommt – für Hilde Domin ist die Lyrik dieser Kraftmoment, dieses geschenkte Erleben, in etwas Größeres verwoben zu sein, über das Hier und Jetzt hinauswachsen zu können. Und in Worten beschritt sie diesen Weg – hinein ins Unbekannte, Neue. Ohne Angst abzustürzen und voll Vertrauen: Ich werde getragen sein. Ich bin nicht allein, denn ich habe zumindest noch meine Worte. Auch die Brücken, die nur ich sehe – sie tragen.

Luftbrücken zu den Verstorbenen – das sind Erinnerungen, aber auch die Dinge, die wir tun, um ihren Tod zu überleben, um in unser Leben »ohne dich« hineinzuwachsen und ihm eine eigene Schönheit und Würde zu geben. Dabei muss man nicht immer wissen, wohin eine Luftbrücke führt. Kann man auch oft gar nicht. Es ist ja eine Luftbrücke. Um darüber zu gehen, reicht das Wissen: »Dem Gehenden schiebt sich der Weg unter die Füße«, wie Martin Walser es prägnant zusammenfasst. Manchmal ist der Aufbruch wichtiger als das Wissen, wohin die Reise geht. Und manchmal kann auch das, was sich mehr als Reflex und äußerlicher Vollzug anfühlt, zu einem inneren Weg werden. Das kann man aus den Luftbrücken von Hilde Domin auch herauslesen: Sie ist bei sich geblieben. Sie hat immer weitergeschrieben und um Worte gerungen. Vielleicht am Anfang wie aus Reflex. Weil es zu ihrem Leben immer dazugehört hat, das Schreiben. Und im Tun dieses Äußeren – da ist das Wunder passiert. Da kam die Antwort auf sie zu. Die Luftbrücke. Das Wachsen in eine Antwort, die sie vielleicht gar nicht erwartet oder als Frage herausgefordert hat.

In Dinge hineinwachsen, ohne es zu merken. Das mechanische Lachen wieder bewohnen. Sich selbst wieder ein Zuhause werden. Seinem Verstorbenen wie der Traurigkeit Schutzhütten bauen in der Seele, in denen man sie besuchen kann. Vielleicht, indem man Strukturen beibehält und weitermacht – oder sie verwirft. Vielleicht, indem man sich ablenkt – oder der Traurigkeit hingibt. Und vor allem vertrauen lernen: Die Luftbrücken werden uns finden.

»Halt an, wo läufst du hin, der Himmel ist in dir«, dichtet Angelus Silesius. In der Trauer ist diese Erinnerung ans Innehalten wichtig, wenn das Leben wieder Fahrt aufnimmt und der Alltag einen immer weiterzieht. Es ist auch eine wichtige Erinnerung an die eigene innere Kraft, stärkende Bilder und Hoffnungen in einem selbst, die einen tragen. Und es kann eine Erinnerung sein, wenn die Angst kommt, den anderen oder die andere zu vergessen, immer mehr zu verlieren: Die Erinnerung an die Stimme, den Geruch, Erlebnisse … Dann ist es stärkend, an das »Innendrin« zu denken, an all das, was unverlierbar in uns eingeschrieben ist.
Welche Innendrin-Gefühle und Erinnerungen sind heute himmelsschön und tragen mich?

Resonanz

Es gibt zwei menschliche Fähigkeiten, die in Trauerzeiten eine große Kraft sind. Das eine ist das, was der Psychoanalytiker C. G. Jung »Synchronizität« nannte: Ereignisse, die mir zufällig begegnen, kann ich so auf mich beziehen, dass sie mir Trost sind und Sinn geben, Halt und Hoffnung. Ein durchscheinender Sonnenstrahl, wenn ich eine Antwort suche, ein Windstoß, wenn ich an meine Verstorbenen denke, ein Tier, das mir immer wieder begegnet oder mich verbindet mit meinen Verstorbenen – es können alle möglichen Dinge sein, die wir als Zeichen erleben und werten. Wie man sich das auch erklären mag: Erfahrungen von Synchronizität stärken auf dem Weg. Und das allein macht sie wertvoll.

Das andere ist die Erfahrung von Resonanz: Was ich sehe, höre, rieche, spüre erzeugt in mir eine Schwingung. Ich glaube, dass jeder Mensch seine eigenen Resonanzräume hat. Bei mir ist es zum Beispiel die Natur, besonders der Wald: die Ruhe und Kraft der Bäume, das Aufbrechen der Knospen im Frühling, das Fallen der Blätter, die Ruhe des Winters, die Tiefe der Wurzeln, das Wachsen in den Himmel ... Es sind viele Bilder, die oft auch zu einem inneren Empfinden passen. Und ich spüre Trost darin, dass es diese einfachen Dinge gibt wie Pflanzen und eine Welt um mich, in der ich trotz allem immer noch zu Hause sein darf, deren Boden und Kraft ich spüren kann und in der ich mich verbunden fühle mit dem Lebendigen um mich.

In manchen Zeiten hat man das Gefühl, nichts mehr wahrzunehmen. Aber selbst darin kann eine kleine Resonanz entstehen: Es ist noch da, das wundern darüber. Und die Sehnsucht danach, mehr wahrzunehmen, teilzuhaben. Sie wird auch morgen da sein. Gott sei Dank.

»Ich finde dich in allen Dingen«, sagt Rilke. Dieser Spur folgend:
In welchen Dingen finde ich dich – ohne Unterscheidung,
ob Gefühl, Ort, Erleben, Gespräch, Glück oder Unglück?
Ich schaue auf meinen Tag und bestaune ihn als Sachenfinder:in.
Und dann ziehe ich Bilanz: In welchen Wundern und Fallstricken,
Aufbrüchen und Rückzügen, Kleinigkeiten und Zukunftsfantasien
bist du heute zu finden?

Steh auf und iss –
mehr sagt er nicht, der Engel,
der Elija aus tiefster Erschöpfung und Niedergeschlagenheit
unter dem Busch hervorruft.

Steh auf und iss –
das klingt so einfach und spürt sich so schwer an,
wenn man unter seinem eigenen Busch liegt
und nicht hinaus will in die Welt
voller Normalitätsgesichter, voller Normalitätserwartung.
Nicht hinaus will in das Morgen,
das ich mir erst noch neu erschaffen muss,
so anders als gewünscht.

Steh auf und iss –
es sind die elementaren Dinge,
die erst einmal geleistet, gemeistert werden müssen:
der erste Schritt.
Ein bisschen ist er mir gelungen.
Ich war draußen.
Ich habe gegessen.
Und es ging
irgendwie.

Steh auf und iss! Denn du hast einen weiten Weg vor dir!
Jetzt wartet der nächste Schritt dieses Aufstehens:
An den Ort des Schmerzes gehen, den Ort voller Erinnerung,
Momente, die ich anders gedacht und gewünscht habe.

Und dann: Geh zurück in dein Leben.
Mit all den Gesichtern und Geschichten,
die weitergehen oder auch abbrechen.
Geh zurück und mach dich weich,
lass dich verändern von deinem Schmerz,
damit du nicht bitter wirst.
Geh mitten hinein und schau dich um.
Ein Engel ist bei dir, der immer wieder sagt:

Steh auf und iss –
Er wird dich durchbringen, ohne dass du verlorengehst.
Lass dich wandeln, geh hinein, steh auf –
Es wird gesorgt für dich.

Ich lebe mein Leben in wachsenden Ringen,
die sich über die Dinge ziehn.
Ich werde den letzten vielleicht nicht vollbringen,
aber versuchen will ich ihn.

RAINER MARIA RILKE

Der Verwandlung trauen

Vielfältige Veränderungen erleben und gestalten

Den Tod überleben, begreifen und im Alltag verankern lernen, was das alles heißt, Gefühle durchleben, Verbindungen suchen und schaffen – das alles macht Trauer zu einem Weg, der uns unweigerlich verändert. Denn er fordert uns heraus, Dinge zu betrachten, manches zu verabschieden – für immer oder zumindest für eine Zeit. Um so in veränderter Form wieder hineinzuwachsen in das jetzige Ich.

Vielleicht dachte ich beispielsweise immer von mir, ein rationaler Typ zu sein. Plötzlich werde ich aber überflutet von Gefühlen. Die kann ich nicht wegordnen oder wegdenken. Und wenn das auch nicht bedeutet, dass ich in Zukunft immer so reagiere oder ich in diese Gefühlswallungen einen geheimen Sinn hineininterpretieren müsste – ich werde in der Zukunft meine Rationalität anders bewerten. Weil ich jetzt auch andere Seiten kenne, die mitunter machtvoller sind und mein Selbstbild ins Schwanken bringen können. Ich bin nicht mehr dieselbe – weil ich mich anders wahrnehme. »Rational« ist keine feste Eigenschaft mehr, sondern ein Anteil in mir. Vielleicht auch irgendwann wieder ein starker, der Sicherheit gibt. Aber dann verbunden mit dem Wissen, dass es auch anders sein kann.

Es verändern sich aber nicht nur Selbstbilder. Es verändern sich Abläufe, Rollen, Zuständigkeiten und damit einhergehend Fähigkeiten. Wenn ich nie einen Handwerker gerufen, ein Auto gekauft, Nudeln gekocht habe – dann gibt es an der Stelle vielleicht einen Zuwachs. Manchmal übernehmen auch andere Menschen diese Rollen und verändern damit das soziale Gefüge, das austarierte Ineinander von Nähe und Distanz. In jedem Fall aber bedeutet es Veränderung.

Veränderung und Wandeln – das sind Gefühle, die viel mit einem »Dazwischen« zu tun haben: Zwischen Mut und Sorge, Stolz und schlechtem Gewissen gilt es, dem zu vertrauen, was alles gewachsen ist. In dieser Phase ist eine wichtige Frage, wie man dem Frieden wieder trauen lernt, wie man Verwandlung spüren und zulassen kann. Ist es in Ordnung, wenn der Schmerz nachlässt? Oder heißt das, ich liebe vielleicht nicht genug? Darf es mir gutgehen? Manchmal ist es schon fast ein Paradox, dass es beinahe beruhigend ist, den Schmerz wieder zu spüren, den man besser versteht als das Neue, das langsam anbricht. Und dabei braucht es Mut, aus dem Scherbenhaufen das herauszulesen und zusammenzubauen, was das neue Fundament des eigenen Lebens sein soll, das mich tragen kann. Auch die Frage, wer ich jetzt mit all dem Erfahrenen bin, ist schwierig zu beantworten, denn die Veränderung ist Teil der Verbindungen zu den Verstorbenen. Einfach weitermachen und die Alte sein – das wäre auch nicht richtig. Weil eben die Umstände nicht mehr die alten sind.

Pausen

Je länger der Tod zurückliegt, desto öfter wird sich auch das Gefühl einer Pause einstellen: Es ist gerade gut. Es ist gerade stabil. Am Anfang ist es schwer, diesen Pausen zu trauen. Noch schwerer, sie sich zuzugestehen. Ist es in Ordnung, dass ich mich gerade so fühle? Verdränge ich etwas? Vor allem die ersten Pausen sind verwirrend – und man braucht Mut, sie anzunehmen, ohne zu argwöhnen, dass es hinterher umso schlimmer wird.

Aber es hat auch etwas Befreiendes, Pausen anzunehmen und zu pflegen als das, was sie sind: Unterbrechungen. Rastzeiten. Mit diesem Bild vor Augen muss ich keine Angst davor haben, wie es danach weitergeht. Wenn ich auf einen Berg steige, ist eine Rast sinnvoll. Ich habe anschließend neue Energie. Vielleicht habe ich gegessen und getrunken, Blasen verpflastert oder den Rucksack umgeladen. Der Berg wird dadurch nicht kleiner und nicht größer. Aber ich kann ihn wieder besser unter meine Füße nehmen.

Vielleicht ist eine Pause ein Theaterabend, auf den man sich freut, ein Essen mit Freunden, bei dem man mal wieder herzlich lachen kann, ein Urlaub. Auch hier gibt es keinen Weg und kein Rezept für alle. Vielleicht ist es auch nur das Gefühl, dass man zufrieden ist, wie der Alltag wieder läuft. Oder dass man in der Sonne sitzen kann, ein Vogel singt …

Pausen sind in der Trauerzeit manchmal wie kleine Boten, die einem zuflüstern, wie es einmal wieder werden wird. Und sie sind ein erstes Anfangen darin, was die späteren Trauerzeiten einem als Aufgabe stellen: mit dem Verlust zu leben und auch der Verwandlung zu trauen, sie zuzulassen. Das zu finden, was jetzt das eigene Leben ist. Und auch sich selbst zu trauen: Es gibt nichts, das man falsch machen könnte, außer die Frage zu stellen, ob man etwas falsch macht.

Rainer Maria Rilke nennt die Sehnsucht nach einem neuen, einem persönlich stimmigen Morgen Triebfeder für all diese Aufbrüche und Versuche trotz aller Angst: »Wenn die Sehnsucht größer als die Angst ist, wird Mut geboren. Ohne Sehnsucht machen wir uns nicht auf den Weg.«
Welche Dinge brauchen in mir davor Heilung?
Und wo kann ich mich sehnsuchtswärts auf den Weg machen?

Schutzmantel

»Wenn man das große unausweichliche Scheitern ausdrücken will, das uns alle erwartet, muss es in den strengen Grenzen von Würde und Schönheit geschehen« – dieser Satz aus einem Interview mit dem Lyriker und Sänger Leonard Cohen begleitet meine Gedanken schon eine Weile. Weil ich es so schätze, dass er dem Gefühl des hilflosen, traurigen, verletzten und erschütterten Ichs einen so schönen Mantel webt und damit zugleich sich und seinen Worten, seiner Lyrik und seinem Gesang einen klaren Auftrag gibt. Seine Stimme hat das um sich ringende Selbst in diesen Erfahrungen des Scheiterns in Würde und Schönheit gekleidet.

Im Scheitern steckt Trauer: Man muss etwas oder jemanden verabschieden. Auch manches Bild von einem selbst fällt: wer man ist und was man sein kann. Manchmal geht das in eine schöne, manchmal in eine schwierige, schuldbeladene Richtung, weil man vielleicht weniger tapfer oder klar war, als man sich das gewünscht hätte. Im Scheitern scheitert auch ein Bild von Zukunft am Schicksal, eine Zukunft, die anders geplant, gewünscht und vorgestellt war. Die man sich vielleicht auch gar nicht anders vorstellen konnte, weil sie einem so klar erschien.

Ich glaube, dass es darum gerade in solchen Momenten des Scheiterns Räume braucht, mit denen man in Resonanz gehen kann. Vielleicht mit Texten und Musik. Vielleicht mit Bildern oder im Gestalten von Dingen. Vielleicht mit Gesprächen, im Theater, in der Natur, im Umbau, beim Ausräumen.

Ein besonderer Schutzmantel in Trauerzeiten ist das Wort »und«. Manchmal können Befürchtung und Hoffnung in eins fallen, Verzweiflung und Glück. Und es gibt Dinge, da weiß man gar nicht, ob man sie sich wünschen oder sie fürchten soll. Und es gibt ein eigentümliches Glücklichsein mit etwas, ohne mit der Situation zufrieden zu sein. Der erste Urlaub, nachdem jemand verstorben ist, ist oft so. Er fühlt sich einerseits falsch an. Nach Flucht. Nach Verdrängung. Und es tut einem auch weh, Erlebnisse nicht teilen zu können wie zuvor. Zugleich ist aber die Landschaft schön. Beeindruckend. Wohltuend. Und Abstand tut gut. Es ist so sehr beides, weil eben die Situation sich so falsch anfühlt.

Aber die Erfahrung ist an sich nicht neu in unserem Leben. Es ist wie bei jedem Abschied von einem schönen Ort, wenn man sich einerseits auf zu Hause freut und zugleich gerne noch bleiben würde. Trauer macht auch hier Alltagsdinge, die wir irgendwie kennen, nur groß – weil sie eben plötzlich viel tiefer anfragen, existenziell viel bedrohlicher erscheinen und auch sind.

Es gibt ein kompliziertes Wort dafür, wenn Dinge richtig und falsch zugleich sind, wenn es mehr als nur eine richtige Antwort gibt: Ambiguitätstoleranz. Und eben das ganz einfache wort: »und«. Was sind heute die gewandelten, veränderten, entdeckten, erarbeiteten, geschenkten »Unds« in meinem Leben? Gibt es neue Perspektiven, Prioritäten, Haltungen?

Enttäuschungen

Wenn schon einmal etwas ging, etwas gut war, dann ist es manchmal besonders schwer, wenn es plötzlich wieder nicht möglich ist. Weil es sich wie ein Versagen anfühlt, in dem guten Gefühl nicht bleiben, das Aufbruchsgefühl nicht konservieren zu können. Weil es sich plötzlich gar nicht mehr nach Aufbruch anfühlt.

Es ist eine eigene Kunst, die Dinge zu genießen und anzuerkennen – und gehen zu lassen, wenn sie nicht mehr da sind. In dieser Hinsicht mag ich selbst den ansonsten unsäglichen Trauerkartenspruch: »Glückliche Tage, nicht weinen, dass sie vorüber, sondern lächeln, dass sie gewesen.« Weil es an der Stelle nicht um Leben und Tod geht, sondern um die Erfahrung, an einem »es ist gut« Anteil gehabt zu haben. Vielleicht nur für einen kurzen Moment. Und doch so voll Verheißung.

Rainer Maria Rilke nimmt in »Briefe an einen jungen Dichter« das Bild des Baumes als Kraftbild, wie Enttäuschungen, Rückschläge und Wartezeiten überdauert werden können:

Man muss den Dingen die eigene, stille, ungestörte Entwicklung lassen, die tief von innen kommt und durch nichts gedrängt oder beschleunigt werden kann, alles ist austragen – und dann gebären ... Reifen wie der Baum, der seine Säfte nicht drängt und getrost in den Stürmen des Frühlings steht, ohne Angst, dass dahinter kein Sommer kommen könnte.

Er kommt doch! Aber er kommt nur zu den Geduldigen, die da sind, als ob die Ewigkeit vor ihnen läge, so sorglos, still und weit ...
Man muss Geduld haben. Mit dem Ungelösten im Herzen, und versuchen, die Fragen selber lieb zu haben, wie verschlossene Stuben, und wie Bücher, die in einer sehr fremden Sprache geschrieben sind.
Es handelt sich darum, alles zu leben. Wenn man die Fragen lebt, lebt man vielleicht allmählich, ohne es zu merken, eines fremden Tages in die Antworten hinein.

Was sind meine inneren Kraftbilder, an denen ich mich orientieren und ausrichten kann ?

Einladung

Tritt ein, komm herein.
Ich spüre dich schon ein paar Tage schleichen
um mein Haus,
das Haus meiner vollen Alltagstage,
das du belauerst.

Du sollst nicht kommen wie ein Dieb,
nicht hereinschleichen in Heimlichkeit,
nicht einbrechen mit Gewalt.

Tritt ein, komm herein,
alte Gästin Traurigkeit.
Es ist wohl wieder Zeit,
dich hereinzubitten,
in meinen Tagen
dir Raum zu geben.

Tritt ein, komm herein, Traurigkeit.
Ich bin bereit, dir zu begegnen.
Ich öffne dir die Tür zu meinem Schmerz,
lass dich meine verwundeten Stellen
und auch die ersten Narben sehen.

Ich bin bereit, öffne die Tür für dich
und die Stille und Einsamkeit, die du mit dir trägst.
Wie ein schweres Parfüm füllen sie den Raum.
Ich bin bereit.

Trauer(w)orte als Schatz sammeln

Schuld und Scham bringen Trauernde oft in eine defensive Haltung. Man macht sich klein. Und wenn die Umwelt dann – in den meisten Fällen aus Unsicherheit – unsensibel reagiert, man eher gemieden wird, nichts mehr hört von Leuten oder Gespräche furchtbare Spießrutenläufe um das Thema herum werden, verstärkt sich dieses Gefühl noch. Man macht sich noch kleiner. Dann kann es helfen, zu wissen: Ich bin nicht allein.

»Wir sind mehr«, heißt es in der Anti-Nazi-Bewegung. Und eigentlich sollten sich dieses Schild alle umhängen: Wir sind mehr. Scheitern, hinfallen, etwas verlieren, trauern – das betrifft alle Menschen. Und es kann die Perspektive verändern, sich im Vorbeigehen vorzustellen, dass auch dieser oder jener Mensch dazugehört zu der verwobenen Leidgeschichte der Menschheit. H. Jackson Brown gibt in seinem Buch »Gedanken zu einem positiven Leben«, das er für seinen Sohn geschrieben hat, als Rüstzeug mit auf den Weg: »Jeder, den du triffst, hat Angst vor etwas, liebt etwas und hat etwas verloren.«

»Wir sind mehr« gilt aber auch inhaltlich: Wir sind mehr als nur Gescheiterte. Wir sind Menschen, in denen etwas steckt. Ein Name. Ein Traum. Ein Wunsch. Eine Idee. Eine Kraft. Eine Sehnsucht. Und »wir sind mehr« gilt auch für das, was man vielleicht selbst von sich dachte oder wusste. Weil neue Situationen und Rollen auch neue Fähigkeiten verlangen, man Neues lernt und wächst an allem, was man bewältigt hat. Egal, wie groß die Aufgabe sein mag.

Auf der Suche nach dem »Mehr« sind es immer wieder auch Worte, Gedanken, Textzeilen, Figuren, Personen, Gespräche, Erlebnisse, die sich zusammenfügen. Denn Trauer selbst ist »mehr«. Ein Name, eine Wort, ein Ort kann eine ganze Gefühlswelt transportieren. Es gibt Schatzworte und Stolperworte, die einem helfen, sich selbst zu verstehen.

Nimmt man nur das Wort »Trauer« und gestaltet daraus ein Akrostichon, indem man zu jedem Buchstaben des Wortes ein neues Wort dazu schreibt, merkt man, was alles darin steckt, an Gefühl, Erfahrung, Sehnsucht. Worte sind wie Rankhilfen, um zu wachsen.

Was sind die Worte, die mein Trauerschatzsammelglas füllen? Wie viele finde ich, um sie auf Zettelchen zu schreiben und zu sammeln, damit ich für Notzeiten, wenn mir die Worte ausgehen, einen guten Wortschätzchenvorrat habe?

Loslassen

Das Tuch fällt
Aus der geschlossenen Hand
Auf den Boden
Nach unten weg
Verloren

Seinlassen
Mit einer Hand
Die in den Himmel schaut
Offen nach oben
Wunder hoffend

Das Tuch entfaltet sich
Wenn die Faust sich öffnet
Ich es freigebe
In den Himmel
Und es ist da
Neu

Seinlassen
Den Dingen einen neuen Platz geben
Mit offenen Händen
Die vertrauen
Dass es bleibt
Und zulassen
Der Verwandlung
Zu trauen

Innere Haltung

Manchmal stehen wir uns mit unserer Erwartung an uns selbst im Weg. Ich nenne das den »Salzpfad-Effekt«, da die Autorin Raynor Winn es in dem Buch »Der Salzpfad« so schön beschrieben hat: Sie und ihr Mann verlieren ihr Zuhause und entscheiden gegen alle Vernunft, den englischen Fernwanderweg South West Coast Path zu laufen. Ihre stille und unausgesprochene Erwartung ist, dass sich mit dem Aufbruch gewissermaßen von selbst Neues einstellen wird, dass sie neue Gedanken denken, Ideen entwickeln, miteinander anders sprechen werden. Die Realität ist aber: Sie laufen einfach nur. Es wird nicht plötzlich alles anders, da sind keine unerwarteten Gedankenblitze oder vollkommen neue Einsichten. Weil wir eben immer noch dieselben Menschen sind. Wer nicht gerne redet, entwickelt sich auch beim Wandern nicht zu einem Plaudertäschchen, nur weil er oder sie die gewohnten Bahnen verlassen hat. Wir haben immer noch uns selbst im Gepäck.

Was ich an dieser Feststellung so gerne mag: Ich kenne das von mir. Ich habe oft eine Wenn-schon-denn-schon-Mentalität – gerade bei Dingen, die ich nicht gerne tue, zu denen ich mich überwinden und zwingen muss. Ich denke in diesen Momenten: Dann soll doch bitte auch alles gleich richtig sein. Es geht also nicht nur ums Aufräumen, sondern ich plane sofort eine halbe Renovation in meiner Fantasie. Manchmal sind die Ideen und Erwartungen so groß geworden, dass ich schon gar nicht mehr anfangen will. Da hat mir der Salzpfad-Effekt etwas voraus –

denn im Buch sind die beiden immerhin aufgebrochen, Schritt um Schritt gelaufen und haben die großen Pläne und Erwartungen an die Realität angepasst: dass es eben manchmal reicht, einen Platz zu finden, um zu schlafen. Weil man schlicht und einfach so wegmüde ist. Das hat sie am Ende doch verändert – aber eben viel unspektakulärer.

Nicht im Sturm. Nicht im Beben und auch nicht im Feuer – wenn ich mal wieder denke, meine innere und äußere Welt revolutionieren zu müssen, halte ich mir den Propheten Elija vor Augen. Gott spricht zu ihm nicht durch mächtige Zeichen, sondern in einer »Stimme verschwebenden Schweigens«, wie es Martin Buber und Franz Rosenzweig übersetzten. Veränderung darf leise beginnen. Und sehr klein. Wichtig ist nur, dass ich dann wie Elija meine Höhle verlasse und hinaustrete, bereit, zu hören und zu staunen. Anfangen reicht – mit dem, was mir eben gerade möglich ist.

Vertrauen – das ist ein großes Trauerwort. Vertrauen, dass das Leben weitergehen wird, ist nämlich nicht so selbstverständlich. Weil das Leben nicht mehr so selbstverständlich ist, Beziehungen nicht, bisherige Sicherheiten nicht.
Welchen Vertrauensvorschuss ins Leben und in die Zukunft möchte ich gerne gewähren?

Und heute

In die Situation
Des totalen Kontrollverlusts zu kommen
Nichts tun können
Als nur nicht unterzugehen
Weiter zu atmen
Und die Trümmer nach der Flut
Dann morgen aufzuheben
Wenn der Schmerz nachlässt
Die Luft reicht
Aufstehen und gehen
Immer wieder ein bisschen
Knochenarbeit

Und all die Gedanken mitschleppen
Wo es hingehen soll
Rucksäcke voll Sorgen und Fragen
Die meine Schritte beschweren
Die Angst vor Morgen
Die Angst um meine Lieben
Die mich begleitet
Seit ich bis ins Innerste weiß
Wir bleiben nicht verschont
Und wir können es nicht lenken
Uns nicht vorbereiten
Und es würde auch wieder so sehr schmerzen

Es ist ein so zartes und hart errungenes »anders gut«
Denn es tragen nicht die alten Bilder
Nicht die Strategien von früher
Nicht der Wunsch, in Altes wieder zu passen
Und ich vermisse es
Ich stehe da
Versehrt
Verbrannt
Und vermisse das Alte
Die Alte
Mich mit dir
Dich

Daneben all die Momente
In denen ich spüre
Im »anders gut« steckt
Dass etwas gut geworden ist
Vielleicht sogar fester
Ich stehe da
Versehrt
Verbrannt
Aber mit beiden Füßen auf dem Boden
Der mich trägt
Mit Erdenschwere

Das ist mein Streit:
Sehnsuchtgeweiht durch alle Tage schweifen.
Dann, stark und breit, mit tausend Wurzelstreifen
tief ins Leben greifen
und durch das Leid weit aus dem Leben reifen,
weit aus der Zeit!

RAINER MARIA RILKE

Finden, was bleibt

Eine Ermutigung zum Schluss

»Trauer bleibt.« Diesen Satz liest man immer wieder in Trauerbüchern und auch Trauerbegleitern geht er leicht über die Lippen: Trauer hat kein Curriculum, das man einmal durchlaufen muss und dann ist man fertig. Es ist auch nicht so, dass man durch besonderen Fleiß die Trauer besonders gut, besonders schnell oder mit Bestnote abschließen kann.

»Trauer bleibt.« Dieser Satz löst beim Gegenüber oft einen gehörigen Schrecken aus. Für immer traurig? Für immer dieses Vermissen in sich spüren? Für immer dieses irgendwie schrecklich komplizierte Leben, in dem Freunde wegbrechen, man sich selbst nicht mehr versteht und kennt, in dem man die Alltagsdiskurse der anderen über das, was sie ein »Problem« nennen, kaum aushält und immer, immer wieder in Löcher fällt, die man nicht hat kommen sehen?

Mein Mann und ich haben früher oft über unsere Tochter gelächelt, wenn sie mit aller Bestürzung einer Vierjährigen feststellte, dass sie etwas »nie, nie wieder« sehen oder erleben kann. Aber den Reflex kennen wir alle: Wenn man schon einmal das »nie mehr« und »für immer« als Gefühl hereingelassen hat, dann bewerten wir alles damit. Plötzlich kommt die Angst, für immer traurig zu sein. Aber wenn man ehrlich zurückschaut: Wer war denn früher immer glücklich? Wer hat denn früher nur gelacht? Oder nur geweint? Die Wirklichkeit ist ein Land irgendwo dazwischen. Mit Momenten voller Schwere. Und Pausenmomenten davon. Und Momenten der Leichtigkeit. Und allem dazwischen.

Der Tod hinterlässt bleibend eine Lücke im Leben, auch wenn diese Lücke immer wieder unterschiedlich stark gespürt und durchschmerzt wird. Und er hinterlässt eine mal leise, mal laute Sehnsucht nach dem, was davor war, wer man selbst davor war. Denn es war anders geplant. Die Zukunft war anders ausgerichtet. Es ist schmerzlich, wenn Erwartungen ferne Sehnsuchtsorte werden. Mit dem Tod verliert man ein Stück Vergangenheit, geteilte Erinnerung. Man verliert Gegenwart und Sicherheit, wenn ein Gegenüber im Alltag fehlt. Und man verliert etwas an ausgemalter Zukunftsmöglichkeit. Die Frage ist dann: Wie kann ich die Veränderung an mir gut empfinden, auch wenn ich mir die Zukunft anders ausgemalt habe? Wie kann man Gutgewesenes gut sein lassen und würdigen und gleichzeitig Neues gut werden lassen? Wie können Bindungen, die gut waren und getragen haben, in neue Bindungen übersetzt werden, die gut sind und stärken?

Ein Übersetzungsversuch, um Bindung und Verbundenheit über lange Distanzen Ausdruck zu geben, ist der Segen. Den Ursprung hat er in der nomadischen Kultur Israels und er wurde gesprochen als Begrüßung, um Freude am glücklichen Wiedersehen ins Wort zu bringen. Oder zum Abschied als guter Wunsch für das, was vor dem oder der anderen liegt.

Einander Gutes wünschen, um den anderen etwas mitzugeben – immateriell leichtes Gepäck und doch ein warmer Mantel der Freundlichkeit, der Nähe und Verbundenheit, der stärkt und schützt. Der Halt gibt, weil man weiß, dass jemand anderes an einen denkt und einem Glück und Schutz wünscht.

Segen als Wunschstärkung. Fern von allem Heiligen und Abgehobenen. So einfach ist das. Und so alltagstauglich. Und darum soll am Ende Raum sein für diese Wunschstärkung für den Weg, der vor Ihnen liegt:

Ich wünsche dir für heute wie für die kommenden Zeiten Momente, in denen du das findest, was du suchst – egal, ob es Stille oder Gemeinschaft ist, Unterbrechung oder Arbeit.

Ich wünsche dir Momente, in denen du das Gefühl hast, dass deine Pläne einfach aufgehen und dein Alltag sich anfühlt wie ein bergendes Zuhause, ein Schutzmantel, eine zweite Haut für deine aufgeraute Seele, damit du neue Kraft sammeln kannst.

Ich wünsche dir Momente mit Erfahrungen und Begegnungen, die dich berühren und bereichern, damit du deine Tage mit mindestens einem stärkenden Gedanken beschließen kannst, der dich wärmt und Halt verspricht für stürmischere Zeiten.

Ich wünsche dir Momente, in denen du dich stößt, in denen deine Pläne nicht aufgehen und dein Tun heilsam unterbrochen wird, damit du deine Trauer hören kannst und sie einlassen als Vertraute, die deine Erinnerung und Sehnsucht schützt und bewahrt.

Ich wünsche dir Momente des Wunderns und Staunens, die dich Verbundenheit spüren lassen mit denen, die wir vermissen. Aber auch mit dieser Welt, die ein gutes Zuhause sein kann.

Ich wünsche dir Momente, in denen du einen Raum in dir und um dich spüren kannst, um zu wachsen in eine Zukunft hinein, die jeden Tag mit dir wächst, wenn du deine Wurzeln so gut pflegst wie die Äste, die in den Himmel weisen.

Ich wünsche dir Momente, in denen dir etwas aufstrahlt und deinen Weg erleuchtet.

Und ich wünsche dir Licht. Weil es Dunkles heller, Schweres leichter und Einsames verbundener macht. Und so viel Kraft schenkt für ein »trotz allem« lieben und lachen, genießen und wünschen.

Und ich wünsche dir Mut. Viel Mut für dein Aufbrechen und Heimkommen, für dein Tun und Warten, für jedes Ja und Nein, das dich herausfordert.

Sei behütet.